SCHERER

TAKT

ZU KLAMPEN

Reihe zu Klampen Essay
Herausgegeben von
Anne Hamilton

Martin Scherer,
1966 in München geboren,
studierte Philosophie, Psychologie und Alte Geschichte. Nach der Promotion arbeitete er als Magazinredakteur. Von dort wechselte er in die Buchbranche und ist ab 2010 als Verlagsleiter tätig gewesen. Er hat mehrere Bücher veröffentlicht. 2021 erschien bei zu Klampen sein Essayband »Hingabe. Versuch über die Verschwendung«.

MARTIN SCHERER

Takt

Über Nähe und Distanz im menschlichen Umgang

zu Klampen ESSAY

Der magischen C.

Inhalt

Warum ist nichts ewig außer der Lüge?
Die Lüge, die Antwort zu kennen,
die Dinge beim Namen zu nennen.

Hildegard Knef
(»Werden Wolken alt?«)

Prolog

Es wird unentwegt moralisiert. Aber nimmt die Verrohung deshalb ab? Eher scheint das Gegenteil der Fall.

In den digitalen Mitteilungsmaschinen tobt ein Nahkampf am Menschen. Verachtung und Verleumdung, ungehemmt und feige, weil zumeist anonym, wuchern vor sich hin. Ein Narzissmus der enthemmten Äußerung scheint am Werk. Aus Politik, Kultur, Medien und den Überresten der Kirche hallt es simultan: Belehrung, Ermahnung und Appell. Ständig Schrilles über Werte, Tabus und überhaupt die bedrohte Zukunft von allem. Aber bekundet sich in ständiger Empörung und Moralpredigt nicht bereits ein tiefes Ohnmachtsgefühl? Kontrolle und Trieb, Über-Ich und Es arbeiten sich gerade besonders verbissen aneinander ab. Wer könnte es dem Ich verdenken, wenn es diesem Tumult entfliehen und eine Affäre mit der Eleganz wagen will?

Eleganz – im Ernst? Aber ja, und zwar verstanden als Gespür für Stil, Vorsicht und Distanz, als Code der Zurückhaltung, der gerade dadurch an Strahlkraft gewinnt, dass er sich der allgegenwärtigen Selbsthervorhebung, Bewertungssucht und Übergriffigkeit enthält. Eleganz im Umgang heißt Takt. Sie gründet in der Freiheit. Wir haben als Existenzen die Möglichkeit, uns eine Form zu geben, die im Zweifel alle Diktate des Zeitgeistes unterläuft. Würde kann auch ästhetisch verteidigt werden.

Die folgenden Kapitel wollen eigentlich nur an etwas Altes und Bewährtes erinnern, an eine Form von Begegnung und Austausch nämlich, die man Kunst der stilvollen Verhehlung nennen könnte. Diese ist in den frühesten Werken des Abendlandes ebenso bezeugt wie in der Renaissance-Literatur oder im modernen Chanson. Die Rede ist von einem Esprit, dem ein knochentrockener Moralismus ebenso fremd bleibt wie die läppische Pose, hinter der das pure Nichts dröhnt. In disruptiven Zeiten mag es sinnvoll sein, sich an Kulturtechniken des Respekts und des umsichtigen Abstandhaltens zu erinnern. Dazu gehört auch ein Sprachspiel der Zwischentöne im Kontrast zum brüsken Klartext. Es lügt noch lange nicht, wer Zweifel und Befremdung verhehlt.

Das Thema Takt ist zwischen Ethik und Ästhetik, dem Richtigen und dem Schönen, angesiedelt. So anziehend seine Wirkung, so ernsthaft der darin enthaltene Anspruch. Takt wahrt, wie Höflichkeit auch, Distanz. Aber darin erschöpft er sich, wie zu zeigen sein wird, gerade nicht. Er lässt vielmehr ein Momentum der Nähe, ja sogar der Intensität aufblitzen.

Wer hier eine Prise Anachronismus wahrnimmt, wird kein Nein ernten. Man kennt aus der Wohnkultur dieses Unbehagen: Räume, die keine Spur des Alten tragen, wirken oftmals seelenlos und durchgeplant. Auch in den Remisen der Reflexion könnte es so etwas wie einen Vintage-Faktor geben.

Ausweitung der Schonzone

Es gibt Wichtigeres als Höflichkeit. Wer würde sie schon in eine Reihe mit Grundwerten wie Frieden, Gerechtigkeit, Gesundheit oder Prosperität stellen? Zeigt ein Verbrecher sich nebenbei höflich, dann relativiert dies seine Schuld keineswegs. Fehlt es umgekehrt einem hilfsbereiten oder gar altruistischen Menschen an freundlicher Art, so wird man es ihm gerne nachsehen. Verdienstvolles Handeln braucht kein Ornament, verwerfliches gerät damit sogar zur Perversion. Höflichkeit ist keine Kardinaltugend im christlichen Sinne, Unfreundlichkeit wird entsprechend nicht zu den Todsünden gerechnet. Weder in der Antike noch im Mittelalter noch zu Zeiten der Aufklärung zählte sie zu den Primärtugenden. Dafür hatte sie wirkmächtige Feinde. Rousseau zum Beispiel wurde nicht müde, Herzensgüte gegen Höflichkeit auszuspielen, um letztere als Äußerlichkeit und Verstellung herabzuwürdigen. Der Pietismus verachtete sie folgenreich als Scheinheiligkeit. Jede Jugendkultur sah und sieht in Manieren eine Art natürlichen Feind. Reglements, Floskeln, Förmlichkeiten – alles Chiffren der Erstarrung, die es mal fröhlich, mal zornig wegzuspülen gilt. Hinzu kommt die vermeintliche Passivität, auf der das gesamte Höflichkeitsinventar beruhe. Fängt nicht jede Befreiung mit dem Bruch althergebrachter Konventionen an? Sticht Handeln nicht Verhalten aus? Jahr für Jahr werden die Deutschen demoskopisch befragt: Was halten Sie persönlich für besonders wichtig und erstrebenswert? Von Höflichkeit keine Spur, überhaupt fehlt es an *soft skills* in den Antworten. Der teutonische Michel mag's lieber kantig, so will es scheinen. Gewiss, ein distinguiertes Auftreten lässt noch lange nicht auf Feingefühl schließen. Aber umgekehrt will man auch nicht unbedingt die »inneren Werte« all derer kennenlernen, für die »oberflächlich« ein Schimpfwort ist.

»Im Deutschen lügt man, wenn man höflich ist«: In diesem bekannten Vers aus dem zweiten Teil des »Faust« bekundet der mentale Südländer Goethe sein Befremden über den typisch protestantischen Vorbehalt gegen gefälliges, schmeichelhaftes Benehmen. Ist Höflichkeit eine Maske? Ohne Zweifel. Doch aufschlussreicher als der Streit darüber, ob diese Maskerade Lebenskunst oder vielmehr Sünde sei, scheint die Frage nach ihrem Sinn und ihrer Funktion. Höflichkeit ist insofern eine Tugend, als sie zu etwas taugt. Höflichkeit kann als Ausweitung der Schonzone definiert werden. Sie dient dazu, den Einzelkampf von interessengesteuerten Individuen in eine Art Gesellschaftsspiel zu verwandeln. Dessen Pointe besteht darin, dass es eigentlich nur Gewinner kennt. Man muss noch gar keinem Pessimismus anhängen, um den Egoismus für ein Erkennungsmerkmal des Menschen zu halten.

Ritualisierte Umgangsformen können immerhin wie ein blickdichter Vorhang das hässliche Antlitz der Spezies verbergen. Dieses Spiel wurde und wird mit Vorliebe von nervösen Temperamenten verdorben, die um jeden Preis authentisch wirken wollen. Die höfliche Geste indes kann ehrlich gemeint sein, aber sie muss es nicht. Und genau darin besteht ihre grandiose Kulturleistung. Ausgehend vom je eigenen Bedürfnis nach Integrität des Selbstgefühls, nach Respekt und Anerkennung, stellt Höflichkeit eine Technik der Kränkungsprophylaxe dar. Ob ein bestimmtes Kompliment, eine Gastfreundschaft oder ein Vortrittlassen echter Sympathie entspringt oder diese nur simuliert, bleibt nachrangig. Das symbolische Handeln wirkt, *als ob* es genau auf das konkrete Gegenüber abzielt. Im besten Fall fühlt man sich tatsächlich gemeint, im zweitbesten verbreitet sich Freude am schönen Schein.

Im Konflikt zwischen Sittlichkeit und dem Kampf ums Dasein entpuppt sich die Höflichkeit als »Muse des Mittelwegs« (Walter Benjamin). Sie ist weder Postulat noch Waffe; zugleich kann sie aber, je nach Blickwinkel, beiden Zwecken dienlich sein. Hier wie dort weicht sie Zudringlichkeiten auf. Das Moralgesetz mag Demut, Nächstenliebe, Mitleid oder Durchsetzung fordern – im Gewand der Höflichkeit gleicht es mehr einer Einladung zum besseren Leben und mag so auch jene erreichen, die sonst taub sind für die Sprache der Moral. Andererseits entschärft Höflichkeit die brachiale Präsenz eines sich Bahn brechenden Egos, sie tarnt vielmehr dessen rein eigennützige Motive und könnte ihnen auf diesem Umweg gerade zum Erfolg verhelfen.[1] Ein chinesisches Sprichwort besagt: »Der höfliche Mensch vermeidet es, seinen Fuß auf den Schatten seines Nachbarn zu stellen.« Die Verschonung der Schatten, das darf wohl als zeremonielle Praxis in Vollendung gelten.

Das deutsche Wort Höflichkeit erinnert daran, dass dieses Verhalten einem sehr spezifischen sozialen Umfeld entstammt, nämlich Europas Fürstenhöfen. »In der höfischen Welt der frühen Neuzeit«, so formuliert Aleida Assmann, »ist die neue Verhaltenskunst zuerst erprobt und entwickelt worden, die in der Nähe den Schutz der Ferne und unter Fremden Bedingungen der Familiarität herstellt.«[2] Erst im 18. Jahrhundert sollte sie in die bürgerliche Schicht einsickern und damit zu einem allgemeinen Kodex für das Zusammenleben in der Stadt werden. Höflichkeit hilft Menschen, eine räumliche Nähe, die nicht durch gewachsene Bande geprägt ist, erträglicher zu machen. Das schien bei Hofe nicht minder angebracht als später in der urbanen Gesellschaft.

Unter einem Habitus darf man allgemein die Verkörperung einer bestimmten Denk- und Sichtweise verstehen. Sprache und Benehmen einer Person

1 Vgl. Benjamin (1980), S. 402 f.

2 Assmann (2002), S. 201.

drücken dann eine mentale Disposition aus. Höflichkeit als Habitus meint es ernst mit dem Verzicht auf Verletzung oder Bloßstellung von anderen. Der auftrumpfende Gestus verbietet sich dabei ebenso wie der Vorschein persönlicher Ressentiments. Höflichkeit verlangt nicht die Überwindung der Antipathie, sondern bloß ein gutes Versteck für sie. Die Erfahrung der eigenen Verletzlichkeit führt habituell zum Prinzip Verschonung. Es versteht sich von selbst, dass damit kein Benimmtipp gestreut, sondern vielmehr eine Verhaltenslehre begründet werden soll. Sie gilt es individuell einzuüben, ins Spielerische zu verfeinern – aber eben auch dann durchzuhalten, wenn Ignoranz ihr entgegenschlägt.

Aus der Menge der Anstandsbücher, Hofmeisterlehren, Komplimentierwerke und politischen Breviere, die seit dem 16. Jahrhundert in Europa zirkulieren, ragen drei Titel heraus, die den höflichen Habitus auf je eigene Art und Weise zu begründen suchen.

Baldassare Castigliones Klassiker »Il Libro del Cortegiano« (»Das Buch vom Hofmann«) erschien 1528 und erzählt sehr plastisch von der lebendigen, feinsinnigen und geistreichen Debattierkunst im Palazzo Ducale zu Urbino. An mehreren Abenden trifft sich die bessere Gesellschaft in den Salons der Herzogin Elisabetta Gonzaga, um allerlei Lebenswerte und Fragen des guten Geschmacks zu verhandeln. Dank der neu entwickelten Buchdruckkunst konnten diese Etüden höfischen Benehmens rasch auch in andere Kontexte einwirken. Der »Cortegiano« stimmt das Hohelied des schönen Scheins an. Anmut (*grazia*), nicht Konvention, sei das Signum einer Gesellschaft. Vierzehn Jahre vor Erscheinen hat Raffael den Autor und persönlichen Freund porträtiert: weiches, fließendes Gewand in gedeckten Farbtönen aus Pastell, Grau und Schwarz. Das Gesicht, umrahmt von Vollbart und dunklem, renaissancetypischem Barett, wirkt geprägt von einem sanften, wiewohl wachen Blick, der auf eine keineswegs gefühlsarme Wesensart schließen lässt. Hier liegt nichts eng an, vielmehr scheint der Stoff über den Körper zu fließen. Man gewinnt eine Ahnung von Esprit und Eleganz jener Abendgesellschaften im »Salone delle feste« oder dem »Sala delle veglie« des herzoglichen Palastes.

Castigliones Werk, insgesamt vier Bücher umfassend, steht wie sein Verfasser für die Durchmischung von höfischem Leben und Humanismus, von Adel und Bildung, welche sich seit dem Ende des Quattrocento in Europa verbreiten sollte. Diese eigenwillige Collage aus Novellen, Charakterskizzen, Anekdoten, Sottisen und Debatten überträgt die Leitmotive der Renaissancekunst in die Praxis der Lebensgestaltung. Gleichmaß, Ausgewogenheit und Harmonie, aber auch eine nachgerade metaphysische Lust am Spiel kennzeichnen einen vortrefflichen Menschen. Erotische Nebenwirkungen nicht ausgeschlossen: So erfahren wir, welche Phantasien eine mit feinem Leder überzogene Hand wecken oder wie verführerisch das Raffen eines Kleides wirken kann.

Aber was sollte uns ein fiktives Gespräch unter Adligen nach einem halben Jahrtausend noch sagen können? Einiges sogar. Castigliones Werk darf als erste und wohldurchdachte Proklamation in Sachen Höflichkeit verstanden werden. Als »Ästhetik des Benehmens« (Peter Burke) moralisiert es mit keinem Wort, um statt dessen ganz auf die Macht der Suggestion zu setzen. Wo Schema war, soll Spiel werden. Das Ungezwungene, Improvisierte kommt postscholastisch als runderneuerter Lebensgeist daher. Höfliches Verhalten schützt vor dem Zusammenprall diverser Identitäten, Befindlichkeiten und Gesinnungen. Es überspielt die Differenz und gibt einer gesunden Skepsis das freundliche Gesicht. Wenn die Umstände es verlangen, so soll sich der Hofmann gar »einen anderen Menschen anziehen«. Weniger Identitätspolitik war wohl nie.

»Da ich aber schon häufig bei mir bedacht habe, woraus die Anmut entsteht, bin ich immer, wenn ich diejenigen beiseitelasse, die sie von den Sternen haben, auf eine allgemeine Regel gestoßen, die mir in dieser Hinsicht bei allen menschlichen Angelegenheiten, die man tut oder sagt, mehr als irgendeine andere zu gelten scheint: nämlich so sehr man es vermag, die Künstelei als eine raue und gefährliche Klippe zu vermeiden und bei allem, um vielleicht ein neues Wort zu gebrauchen, eine gewisse Art von

Lässigkeit anzuwenden, die die Kunst verbirgt und bezeigt, dass das, was man tut oder sagt, anscheinend mühelos und fast ohne Nachdenken zustande gekommen ist. Davon rührt, glaube ich, großenteils die Anmut her.«[3]

In vorstehendem Zitat fällt jenes »neue« Zauberwort, als dessen Erfinder sich Castiglione – wohl nicht ganz zu Recht – rühmte. Die »Sprezzatura«, gerne mit Lässigkeit oder Geschmeidigkeit übersetzt, steht für das Ideal einer ebenso unaufdringlichen wie ungezwungenen Eleganz des Auftretens. Als Habitus kultiviert sie eine Sphäre zwischen Ethik und Ästhetik. Castiglione hat das Abendland mit diesem Begriff zur Coolness inspiriert und einen zeitlosen Maßstab für Pose und Design hinterlassen. In den ikonischen Plattenhüllen von Blue Note, in den klassisch modernen Entwürfen einer Coco Chanel oder Eileen Gray, im Ambiente einer American Bar, im dekonstruierten Jackett von Giorgio Armani oder in der langgezogenen Biegung eines Thonet-Sessels steckt Sprezzatura pur.

Castigliones idealer Hofmann tritt auf als ein Virtuose der Selbstinszenierung, der seinem Dasein eine zweite Natur zu geben versteht. Dem Fetisch

---

3 Castiglione (1986), S. 53. Eine spätmoderne Reprise formuliert Ulf Poschardt (2007), S. 859: »Stil ist die Setzung gegen die Stillosigkeit: Stil sei nicht zu denken ohne Anmut, Charme, Freiheit, Selbstsetzung. Bei-sich-Sein ebenso wie Außer-sich-Sein.«

des Authentischen und Natürlichen abhold, pflegt er eine elastische Distanziertheit zu sich selbst; ungebildet im wahrsten Sinn des Wortes erscheinen ihm jene, die nicht an sich arbeiten, die Rhetorik schärfen und ihre Umgangsformen fortwährend verfeinern. Allein von Form zu sprechen, erzeugt hierzulande nach wie vor den Verdacht von Verstellung, wenn nicht Hinterhalt. Vielen erscheinen denn auch Rituale dubios, huldigten sie doch einem leeren Formalismus. Übersehen wird dabei die entlastende Dimension des Rituals, welches eine Selbstdistanz erzeugt und die Akteure von der psychologisierenden Eigenbeschau zumindest befristet befreit. Genau das haben eine japanische Zeremonie und der Opernball zu Wien gemeinsam, dass sie mit der Wiederholung bestimmter Abläufe eine Intensität des Weltbezugs erzeugen. Während in der Routine die Zeit verrinnt, beschwören Rituale eine Beständigkeit. Das Alte und Überlieferte wirkt in seiner Wiederkehr erfüllend. Rituale als symbolische Formen des Handelns schaffen Inseln im Flüchtigen und Zerstreuten. Vielleicht ist die Eleganz ja doch so etwas wie eine *foreign affair*, die sich anfänglich in Italien und später in Frankreich und England abspielen sollte – und Germanen bis heute in argwöhnisches Staunen versetzt. Das Höfische als Meisterschule von Eleganz und Benimm befand sich im Jenseits der deutschen Kleinstaaterei. Ein übellauniger Protestantismus gibt bis heute den Rest.

Von einem zivilisierten Menschen wird erwartet, dass er seine Instinkte und Impulse im Zaum zu halten weiß, sich kontrollieren und korrekt benehmen kann. Er beherrscht die Mimikry. Und prompt unken hier die eisern Modernen, da fehle doch die Echtheit. Diener der Rituale verleugneten das Wesentliche, was wiederum identisch mit dem Eigenen ist. Allgegenwärtig diese schroffe Ehrlichkeit, sich selbst als »unbequem« belobigend und jeder Anpassung misstrauend.

Gefälliges Verhalten, so das ungeschriebene Castiglione-Axiom, ist auch richtiges Verhalten. In den Gesprächen des »Cortegiano« kommt der Höflichkeit zudem eine relativierende Funktion zu: Sie vermittelt diskret zwischen Sichtweisen, Temperamenten, Hierarchien und, ja, auch, zwischen den Geschlechtern. Mit diesem Kunstgriff wird ein Renaissance-Literat zum Zeitgenossen inkognito in der heutigen Welt-WG, in der es zunehmend darum geht, kulturellen und religiösen Streit abzupuffern. Gutes Benehmen, auch diese Erkenntnis lässt sich aus dem Theatrum Ceremoniale zu Urbino gewinnen, verlangt ein entsprechendes Sprach-Spiel. Verpönt scheint die direkte Botschaft, der Pfeil der eigenen Meinung, das offenkundige Kritisieren und Herabwürdigen. Verhüllung und Umschreibung setzen dort ein, wo Charme und Schmeichelei endgültig an die Grenzen ihrer Wirksamkeit stoßen. So erweist sich die Litotes als nachgerade ideales rhetorisches Stilmittel für die Sache der Höflichkeit. Aus dem Altgriechischen übertragen, bedeutet das Wort Schlichtheit, Sparsamkeit, Zurückhaltung. »Sie ist ihren Prinzipien nicht untreu geworden« statt »stur« – die Verneinung des Gegenteils wird die Adressatin im Zweifel besser verkraften als einen verbalen Frontalangriff. Auch die gut gesetzte Untertreibung kann Ironie wie ein angenehmes Kompliment wirken lassen, ganz zu schweigen von der entwaffnenden Wirkung ironisch gebrochener Einfühlung. Hemdsärmelig stößt ein Mann verspätet zu einer feierlichen Gesellschaft, woraufhin ihm jemand von hinten einen Blazer hinhält und flüstert: »Vielleicht fühlst du dich darin wohler ...« Und wer je eine Aufgabe offenkundig gut gelöst und dafür das Lob »nicht schlecht« geerntet hat, dem wurde eine typische Litotes, betonend und dämpfend zugleich, zuteil.

Noch ein zweiter Text in Sachen Höflichkeit leuchtfeuert bis heute. Aber wie anders die Zeitumstände und dementsprechend der Tonfall bei Baltasar Gracián: 1647 erscheint das »Handorakel« des spanischen Jesuiten, welches allein in Frankreich binnen hundert Jahren über zwanzigmal neu gedruckt werden sollte. In Deutschland hat es die Intelligenzia bis weit ins 20. Jahrhundert hinein fasziniert, nicht zuletzt wegen der brillanten Übersetzung Arthur Schopenhauers. Geprägt von der Erfahrung konfessioneller Bürgerkriege und des aufkommenden Absolutismus setzt auch Gracián auf den schönen

Schein als Prinzip höfischen Benehmens. Mochten Galanterie und Grazie einst in Urbino gefruchtet haben, so verlangt der spanische Hof als Schlangengrube schlechthin eine ganz andere Konzentration auf den je eigenen Status. Misstrauen, Machtkämpfe, Rankünе und religiöser Eifer im Dunstkreis einer leviathanhaften Herrscherfigur befördern nunmehr die nüchterne Erkenntnis: Es gilt zu überleben.

»Dem Widersprecher nicht widersprechen. Man muss unterscheiden, ob der Widerspruch aus List oder aus Gemeinheit entspringt. Es ist nicht immer Eigensinn, sondern bisweilen ein Kunstgriff. Dann sei man aufmerksam, sich im ersteren Fall nicht in Verwicklungen, im andern nicht ins Verderben ziehen zu lassen. Keine Sorgfalt ist besser angewandt als die gegen Spione. Gegen die Dietriche der Seelen ist die beste Gegenlist, den Schlüssel der Vorsicht inwendig stecken zu lassen.«[4]

Diese Verhaltenslehre bedeutet ein Manöver wider die Unberechenbarkeit und mutmaßliche Bösartigkeit der Menschen. Sie dient der Selbstbehauptung der einzelnen und durch das permanente Habacht letztlich auch vereinzelten Person. Ein Werk der resignativen Reife. Moral im eigentlichen Sinne hat auch im »Handorakel« keinen Platz. Sie weicht der Taktik, dem Gesetz der äußeren Formwahrung, wodurch inmitten der Bedrohung durch

4 Gracián (1985), S. 121 f.

ein unversöhnliches Milieu eine Art Atemblase entsteht. Wenn Ehrlichkeit zum Risiko wird, übt es sich besser im Caché der eigenen Motive und Absichten. Eben das steckt hinter Graciáns Devise »Denke wie die Wenigsten und rede wie die Meisten«[5]. Diese Inszenierung dient in erster Linie dazu, nach außen arglos zu wirken. In der Verhaltensbiologie würde man von »protektivem Mimikry« sprechen, jener Taktik, die dem potentiellen Beutetier einen gewissen Schutz vor seinem Verfolger verschafft.

Der Soziologe Norbert Elias hat die »gute Gesellschaft« bei Hofe mit einer Börse verglichen. Der Wert einer Person konnte steigen, schwanken, aber auch jäh abstürzen. Die Rangordnung in diesem Gefüge war zunächst vom Status eines Adelsgeschlechtes und dem offiziellen Titel bestimmt; weit wichtiger aber war die Gunst, in der eine Person beim Herrscher, seltener der Herrscherin, stand. Diese erwies sich mitunter als hochvolatil. Zugleich bedeutete jeder konkrete Fall von Ansehensgewinn einen Affront gegen all die anderen, die ihren Stellenwert dadurch als bedroht ansahen. So galt es, in welchem Palast auch immer, möglichst auf dem Laufenden zu bleiben. »Denn es war gefährlich, sich gegenüber einem Menschen, dessen Kurs am Hofe im Steigen war, unfreundlich zu verhalten. Es war nicht weniger gefährlich, einem Menschen, der innerhalb dieser Rangordnung im Sinken, der

5 Gracián (1985), S. 21.

etwa gar der Ungnade nahe war, allzu freundlich zu begegnen, oder wenn man es tat, dann hatte es nur einen Sinn, wenn man damit eine bestimmte Absicht verfolgte. So war dauernd eine genau überlegte Nuancierung des Benehmens gegenüber jedermann am Hofe unerlässlich.«[6]

So weit, so zeitlos. Man ersetze nur Herrscher durch Vorstand, Ministerin, Bischof oder Chefredakteurin, und man wird sich diesen Befund leicht vergegenwärtigen und mit eigenen Erfahrungen anreichern können. Konzentrierte Macht fordert ihrer Peripherie ständiges Augenmerk für jegliche Verschiebung in der personellen Konstellation ab. Es gilt Gesten zu berechnen, Worte taktisch zu wählen, Affekte zu dosieren, um in puncto Status und Prestige konkurrenzfähig zu bleiben.

Mit Gracián gesprochen: »Den Ruf der Höflichkeit erwerben: denn er ist hinreichend, um beliebt zu sein. Die Höflichkeit ist ein Hauptteil der Bildung und ist eine Art Hexerei, welche die Gunst aller erobert, wie im Gegenteil Unhöflichkeit allgemeine Verachtung und Widerwillen erregt: wenn aus Stolz entspringend, ist sie abscheulich; wenn aus Grobheit, verächtlich ... Zwischen Feinden ist sie Schuldigkeit, damit man seinen Wert zeige. Sie kostet wenig und hilft viel: jeder Verehrer ist geehrt. Höflichkeit und Ehre haben vor anderen Dingen dies voraus, dass sie bei dem, der sie erzeugt,

6 Elias (1983), S. 139.

bleiben.«[7] An einer Stelle in seinem Roman »Der Ghost Writer« beschreibt Philip Roth die erwähnte protektive Verstellung: »Sein Charme war wie ein Burggraben von so ozeanischem Ausmaß, dass man nicht einmal das große türme- und mauernbewehrte Ding sehen konnte, zu dessen Schutz er ausgehoben worden war.«[8]

Castiglione wie Gracián erkannten in der Höflichkeit ein Herzstück urbaner Kultur. Dient sie dem einen zur Verfeinerung der Sitten, so braucht der andere sie aus Einsicht in die Zerbrechlichkeit. Es liegt nahe, Höflichkeit als Funktionsbegriff zu verstehen, der beide Bedürfnisse bedient. In der gelebten Feinheit steckt immer auch eine Ahnung davon, in welcher Form des Miteinander wir uns am meisten gefallen könnten. Die frühen Theorien der Höflichkeit betonen den Stolz der aufrichtigen, ehrenwerten Person, die sich durch keine Lüge, Intrige oder Heuchelei, aber auch nicht durch Selbsttäuschung verwirren lässt. Ihr einhelliger Lobpreis an den aufrechten Gang durch die Gesellschaften jener Zeit wird unterfüttert durch Erkenntnisse psychologischer Art. Einblicke in das typisch Menschliche, und das heißt: in die allgegenwärtige Eitelkeit, kristallisieren sich zu einer kompakten, wiewohl handfesten Anthropologie. Je nach Weltanschauung, Temperament und Lebensgeschichte

---

7 Gracián (1985), S. 53.
8 Roth (2004), S. 80.

des Autors gerät der Ton eher amüsiert oder grimmig. Stehen La Rochefoucauld und Loriot für erstere Variante, so verkörpert der bereits erwähnte Schopenhauer die gallige Alternative.

Ein Zeitsprung in das Jahr 1883: Der deutsche Jurist Rudolf von Jhering veröffentlicht den zweiten Band seines Großwerks »Der Zweck im Recht«. Darin eingelassen, gleichsam als Buch im Buch, eine mehrere hundert Seiten lange Begriffsanalyse nebst »Phänomenologie« der Höflichkeit, deren Bekanntheitsgrad im kaum mehr messbaren Bereich liegen dürfte. Jhering gilt als Begründer der »Interessenjurisprudenz«, wonach alle sittlichen Gebote und Verbote sich an ihrer Dienstbarkeit für den Menschen messen lassen sollten.[9] Die Kausalität des Rechts erkläre sich aus den Notwendigkeiten und Zielsetzungen der Gesellschaft. Der Zweck hat demnach eine juridische Dimension. Die bürgerliche Gesellschaft hat sich damals bereits seit einem Jahrhundert kultiviert und ausdifferenziert. Groß-, Klein-, Besitz- sowie Bildungsbürger haben die historische Bühne betreten, um zumindest einen Grundsatz chorgleich auszurufen: Vor dem Recht sollen alle gleich sein, da Besitz und Talente schon ungleich verteilt sind. Die Gesellschaft aus freien und mündigen Staatsbürgern will ihre persönlichen und wirtschaftlichen Angelegenheiten überdies ohne Bevormundung durch Staat und Kirche regeln.

---

9 Luzides dazu bei Petersen (2023), S. 101 ff.

Entsprechend hat sich auch das manierliche Benehmen verbürgerlicht und zum Verhaltenskodex gegenüber jedermann ausgeweitet. Anders gesagt: Der Kampf um Anerkennung dehnte sich von den Palästen und Villen auf die ganze, stetig anwachsende Stadt aus. Jherings Untersuchungen gelten der sozialen Funktion von Höflichkeit in der modernen Gesellschaft. Neben die Höflichkeit der Anerkennung tritt jene des Wohlwollens. Freundliche Gesten und Phrasen können sich auf den Status, die Leistungen oder Verdienste des Gegenübers beziehen, aber auch auf abstrakte Personen wie etwa in der förmlichen Anrede bei Briefen oder Vorträgen oder dem obligatorischen Türaufhalten für eine Dame. Eine merkliche Individualisierung vollzieht sich dagegen in der von Jhering sogenannten Höflichkeit des Wohlwollens, welche Teilnahme und Interesse am anderen bekundet. Diese Unterscheidung weist voraus auf jene von Höflichkeit und Takt. Dazu später mehr.

Ähnlich wie der Humor strebt die Höflichkeit danach, den Konsens zumindest äußerlich zu bestärken und keinesfalls die etablierte Ordnung zu kritisieren oder eine konkrete Gegebenheit zu verändern. Sie betreibt Kosmetik am Status quo. Nicht mehr, nicht weniger. Höflichkeitsformen sind durch Erfahrung erprobte Anleitungen. Die Gesellschaft bedarf offenbar einer äußeren Ordnung, aber sie kann dafür nicht auf den guten Willen aller Subjekte zählen. Hier ergibt sich eine Parallele zum Recht. Entweder ist das Individuum »beseelt« von der entsprechenden Gesinnung, oder es fügt sich zumindest äußerlich der Konvention. Die Gedanken sind bekanntlich frei. Das innere Moment der Gesinnung als unbedingte Voraussetzung der Höflichkeit wäre somit entkräftet: Mentale Disposition und äußere Form können übereinstimmen, sie müssen es aber nicht.

»So verhält es sich beim Recht, so auch bei der Höflichkeit, beide begnügen sich mit einer Abschlagszahlung und weisen das innere Moment der Moral zu, nicht als etwas für sie selber Wertloses, Gleichgültiges, sondern als etwas, was sie mit ihren Mitteln nicht zu erzwingen mögen.«[10]

Jhering spricht von einer »Mittelstellung« der Höflichkeit zwischen Anstand und Moral. Wollte man diesen drei Formen des Sittlichen je einen kompakten Imperativ zuordnen, so hieße er beim Anstand: *unterlasse*, bei der Höflichkeit: *scheine* und bei der Moral: *sei*.[11]

Die Höflichkeit gehorcht dem Gebot des Anscheins einer Überzeugung. Aber wird damit nicht der Heuchelei und Verstellung das Wort geredet, und das noch dazu von einem Rechtswissenschaftler? Keineswegs, so Jhering, denn die Höflichkeit »gibt den Schein nicht für Wahrheit, sondern für

10 Jhering (1923), S. 444.
11 Vgl. Jhering (1923), S. 449.

Schein aus«.[12] Höfliche Menschen vollführen – wie Mimen – die Kunst der Illusion. Manieren erzeugen das wohltuende, beruhigende und entlastende Bild einer Lebenswelt, die von ihrer erschreckenden Realversion ablenkt.

»Sowenig man dem Schauspieler den Vorwurf machen darf, dass er sich verstelle, heuchle, sowenig dem Höflichen, beide stellen etwas dar, was sie nicht sind, aber sie verstellen sich nicht, sie spielen lediglich die Rolle, welche ihnen zugewiesen ist, und von der jeder weiß, dass es eine bloße Rolle ist, und je vollkommener die Illusion, welche sie hervorrufen, desto mehr entsprechen sie ihrer Aufgabe.«[13]

Höflichkeit hat kein System. Sie variiert durch die Zeiten und Kulturen. Aber sie besitzt ihre eigene Logik: nämlich den Schein *als* Schein zu verstehen, zu beherrschen und zur Geltung zu bringen. Dieser Schein hat nicht die Wahrheit zum Gegensatz, sondern die Rohheit. Höflich zu sein bedeutet einen Triumph über den inneren Barbaren. Diese Ahnung sollte sich nicht nur in bürgerlichen Milieus verbreiten, auch einige Vordenker der politischen Linken sahen in der Höflichkeit weit mehr als eine überkommene Salontugend des Klassenfeinds. Pjotr Kropotkin, der Vater des revolutionären Anarchismus, soll sie geradezu verkörpert haben; Walter Benjamin sprach von ihr als der »Hohen Schule«;

---

12 Jhering (1923), S. 492.
13 Jhering (1923), S. 492.

und Bertolt Brecht schuf mit Shen Te, dem guten Mensch von Sezuan, eine Frauenfigur, die an ihrer Freundlichkeit fast zugrunde geht. Sein Poem »Vergnügungen«, eine 1954 entstandene Listung von biopositiven und nichtillusionären Daseinsfreuden, setzt bezeichnenderweise hinter dem Habitus der Schonung den Schlusspunkt. Der Reiz dieser kompakten Preziosen-Revue besteht darin, dass sie Abstraktes wie Sinnfälliges raumsparend zu vermengen versteht.

Der erste Blick aus dem Fenster am Morgen
Das wiedergefundene alte Buch
Begeisterte Gesichter
Schnee, der Wechsel der Jahreszeiten
Die Zeitung
Der Hund
Die Dialektik
Duschen, Schwimmen
Alte Musik
Bequeme Schuhe
Begreifen
Neue Musik
Schreiben, Pflanzen
Reisen
Singen
Freundlich sein.

Freundlichkeit, die nicht-adelige Vertraute der Höflichkeit, dient als Puffer zwischen Identitäten, die ohne sie ungebremst aufeinanderprallen würden.

Sie trägt Züge einer Kunstsprache, eines Esperantos der Feinheit, womit sie die partikularen Interessen und Vokabulare auf eine andere Ebene bugsieren kann. Im höflichen Umgang sind alle gleich – nämlich gleich weit entfernt von ihrer Rohheit und gleich gestellt in einem Spiel mit neuen Regeln. Im höflichen Diskurs sind Provenienzen, Hautfarben ebenso egal wie vermeintlich letzte Wahrheiten oder ideologische Heilslehren. Man spielt, um endlich nicht mehr zu kämpfen. Diese Sehnsucht spricht aus Brechts Gedicht und der ultimativen, weil befriedenden Vergnügung namens Freundlichkeit.

Höfliche Menschen im hier skizzierten Sinne machen es ihren Verächtern gerade allzu leicht, wirken sie doch aus der heutigen Zeit hyperkommunikativer Ego-Sender gefallen. Wer zu spät (und zu leise) kommt, den bestraft der Algorithmus. Die Allgegenwart von digitalen Mitteilungsbedürfnisanstalten wirkt auf den einzelnen als Einladung, sich und seine Ansichten maximal ernst zu nehmen. Aber nicht nur der Schlagabtausch mit Ultrakurznachrichten bezeugt oftmals dialogische Impotenz, auch die Blogosphäre mit ihren nimmermüden Suaden könnte einen stoßseufzen lassen: Wo warst du, Lektor? Ist es noch Realismus oder bereits Kulturpessimismus, wenn der Eindruck sich nicht verflüchtigen will, dass es in der »Informationsgesellschaft« ein »Wir« nur dann gibt, wenn zur Treibjagd auf die falsche Meinung geblasen wird? Den Feinden der Feinheit fehlt jedes Bedürfnis nach öffentlichen Schonzonen. Der digitale Raum für Hassreden aller Art macht den drohenden Zusammenbruch eines noch irgendwie bestehenden Systems symbolischer Anerkennung offensichtlich. In den Metastasen von Hetze und Niedertracht bekundet sich die von Judith Butler sogenannte Macht der Anrufung, welche das Gegenüber auf bestimmte Identitäten fixiert und einen verbalen Radikalismus auswuchern lässt – Fragmente einer Sprache der Verachtung. Hinter der Anonymität und aparten Selbstbesoffenheit irgendeines knullibulli22 gedeiht der neue Typus des Netzfreischärlers. Kann Freundlichkeit nur dort sich kultivieren, wo Menschen sich ins Gesicht blicken? Es will ganz so scheinen.

Waltet im Repertoire der freundlichen Gesten möglicherweise ein reaktionärer Geist? Das wäre ein grandioses Missverständnis. Der Reaktionär ist ein militanter Nostalgiker; getrieben vom Ressentiment gegen eine bedrohliche Zukunft, die sich – für wenige sichtbar – am Horizont abzeichnet, verkitscht er die Historie als verlorenes Paradies.[14] Fetischisten der Vergangenheit, zerrissen und depressiv zugleich, rufen wahlweise das Ende der Zivilisation oder das der Vernunft oder beides zugleich aus, zumal ihr prophetischer Imperativ ungehört und folgenlos zu bleiben scheint: Kehret um! Reaktionäre

14 Vgl. Cioran (2018), S. 64 f.

Temperamente springen deshalb im emotionalen Dreieck von Verbitterung, Zorn und Straflust. Als Erzfeindbild müssen seit den Tagen des savoyischen Gegenaufklärers Joseph de Maistre vorzugsweise die Intellektuellen herhalten, deren Kopfgeburten und »alien ideas« (Mark Lilla) angeblich die Harmonie der alten Ordnung zerstören. Eine verwirrte, weil all ihrer Heiligtümer beraubte Menschheit nehme unverhofft an riskanten Blindflugmanövern teil, deren Codewort »Fortschritt« lautet.

Fortschrittsfackelträger und Reaktionäre sind im Eifer verwandt, hier gegen das Alte, dort gegen das Kommende. So eint beide das Verdrängen von je einem Teil eines natürlichen Impulspaares, dem Bewahren des Bewährten und der Besserung des Bestehenden. Geschichte wird gegen Zukunft ausgespielt wie auch umgekehrt. So sehen Laien der Synopse aus.

Anders die Anachronisten: Diese Gemüter liebäugeln ebenfalls mit der Vergangenheit. Sie reizt das vermeintlich Überholte, die Manier von einst, der Stil einer früheren Zeit, sprachlich, gestisch oder ästhetisch. Es lässt sich leicht als Pose abtun, aber das hieße einen sympathischen Zug verkennen, geht es doch darum, den Reiz des *Vintage* zu entdecken, dem Alten neues Leben einzuhauchen, indem man damit die Geschmacksregeln der Gegenwart durchkreuzt. Diese smarte Nostalgie wird das Vergangene nicht hoffnungslos verklären, sondern phantasievoll in das Jetzt ausspielen, um die Sinne auf das Mögliche und Gestaltbare hin auszurichten. Anachronisten narren den Zeitgeist, Reaktionäre vergiften sich selbst im Hass auf ihn.

Die Grenzen zwischen Reaktion und Geschmacklosigkeit sind bisweilen fließend. Amstetten ist eine geruhsame Kleinstadt in Niederösterreich, die durch die Causa Fritzl international bekannt wurde. Der Geschäftsmann Josef Fritzl hielt seine Tochter Elisabeth seit 1984 insgesamt 24 Jahre in einem fensterlosen, muffigen Verlies gefangen. Er schwängerte sie siebenmal. Drei der Kinder blieben mit der Mutter im unterirdischen Versteck, drei wurden von Fritzl »adoptiert«, der letztgeborene Junge starb kurz nach der Geburt. Im selben Ort sprach sich die Freiheitliche Partei Österreichs (FPÖ) 2012 gegen die Subventionierung von Frauenhäusern aus, denn diese würden, so ließ die Partei verlauten, »Ehen zerstören«.

Höflichkeitsrituale sind weder militant noch verbittert noch lechzen sie nach einem Sprung zurück in Vorzeiten, sie schaffen lediglich kleine Schutzhütten gegen unfreundliche Zeitgeister. Das Streben nach Dauer trifft auf einen Sinn für Vergänglichkeit. Dieser Treffpunkt heißt Melancholie. Hier wird der Blues eines galanten Anachronismus gespielt.

Die Kunst des Verhehlens

Höflichkeit spielt. Höflichkeit schützt. Höflichkeit zivilisiert.

Aber ebenso erzählt sie von einer besonderen Fähigkeit, über die Menschen mit feiner Verhaltensart seit jeher verfügen müssen: Höflichkeit verhehlt.

Was macht eigentlich jemand, der den Koch eines ziemlich missratenen Mahls dennoch lobt? Was bezweckt ein freundliches Wort, wenn man dieser Person keine Sympathien entgegenbringt? Wozu das »Kauderwelsch der Höflichkeit« (Saint-Évremond), wenn es doch alles andere als wahrhaftig und authentisch ist?

Weil man irgendwann und aus irgendeinem Grund entschieden hat, andere eher in ihren gutgemeinten Absichten zu bestätigen, als sie an unvollkommenen Verwirklichungen zu messen. Das ist der Geist des Kompliments: etwas Mangelhaftes oder Vorläufiges in der Vorstellung zu »ergänzen« (lat. complere) und das Urteil auf die schöne Idee, die jemand anderes gehabt haben mag, zu beziehen. Komplimente sind Etüden des Wohlwollens. Man muss sich höfliche Menschen als sanfte Dezisionisten vorstellen, die ihre eigenen niederen Impulse zum Gegner stilisieren. Ihre Neigung gilt den Symbolen der Gefälligkeit und einer Rhetorik des Respekts.

Wo ohnehin Sympathie vorhanden ist, wird diese Übung keine allzu schwere sein; Höflichkeit wird zur Kulturleistung dort, wo persönliche Zuneigung fehlt und doch das Selbstgefühl des anderen gestärkt werden soll. Freundlichkeit kennzeichnet eben gerade nicht den Umgang mit Freunden. Sie markiert eine Distanz, die nicht in Desinteresse oder Ablehnung entgleiten soll. Dadurch kann Freundlichkeit wiederum Sympathien erzeugen.

Vorsicht vor Verwechslung: Höflichkeit unterscheidet sich gründlich von der Schmeichelei. Zwar wird auch mit dem Wort *schmeicheln* ein Austausch bezeichnet, dabei variiert aber das Gegebene vom Empfangenen. Es gilt nicht mehr Wertschätzung gegen Wertschätzung, Geste gegen Geste, Gabe gegen Gabe, Illusion gegen Illusion, sondern nunmehr Wort gegen Gunst. Die Schmeichelei gilt nicht der Person selbst, sondern ihrem Status. In diesem Sinne formuliert der Schweizer Mediziner und Literaturwissenschaftler Jean Starobinski: »Wenn die Gewährung der Gunst oder der Vergünstigungen einzig durch die Kunst, gut zu reden, erbeten wird, dann stellt sich Asymmetrie ein, die Gleichheit verschwindet und das Gesetz des ›Interesses‹ rückt an die Stelle des Gefallens oder ergänzt es.«[1]

Sollten wir diese Fähigkeit vielleicht von unseren nächsten lebenden Verwandten, den Affen, geerbt haben? Am Kailana-See, unweit der indischen

1 Starobinski (1992), S. 77.

Stadt Jodhpur, beobachtete der Anthropologe Volker Sommer einen Haremshalter vor einem Haufen Weizenfladen sitzend, die er von einem Fütterer ergattert hatte. Ein Weibchen schlich sich von hinten an und nahm sich einen Fladen. Das Männchen reagierte indigniert mit Zähnefletschen. Eine Herausforderung für Weibchen zwei, ebenfalls hungrig. Es griff um den Rücken des Männchens herum, als dieses sich plötzlich umdrehte. Mit eben jener Hand, die zum Stehlen ausgestreckt war, begann es dem Männchen den Rücken zu kraulen.[2] Dürfen wir also festhalten: Schmeichler sind die Primaten der Manipulation?

Schwester der Schmeichelei ist die Verleumdung, entstanden aus Neid und Hass, aber auch aus der Erfahrung vergeblichen Bezirzens. Sie agiert mit Vorliebe aus dem Hinterhalt, von wo aus ihr Pfeil treffsicher Bahn nimmt. Dem Barock galt denn auch die Biene als Sinnbild des intrinsisch intriganten Schmeichlers. Sie zeigt den Honig im Mäulchen, während der verletzende Stachel verborgen bleibt.

Höflichkeit beschränkt sich nicht darauf, die Bloßstellung von anderen zu vermeiden. Sie kommt im Schongang daher, will dabei aber nicht auf das Spielerische verzichten. Genauer besehen besteht sie aus Selbstkontrolle *und* Charme. Schon damals, an den italienischen Höfen und in den Pariser Salons,

2 Vgl. Sommer (1994), S. 88 f.

hatte die Höflichkeit immer zwei Facetten: Befriedung der wechselseitigen Beziehungen, in welche Menschen täglich eintreten müssen, und sodann Leichtsinn, Finesse, Vergnügen. Man könnte auch sagen: Höflichkeit verhält sich zur edlen Gesinnung wie der Gottesdienst zur Frömmigkeit. Der öffentliche Kultus trägt ein Wohlwollen in ritualisierter Form zur Schau. Das Urteil darüber, ob jeder Teil dieser Gemeinde im Innersten vom Glauben beseelt ist und all sein Tun nach ihm ausrichtet, sei allerdings Gott anempfohlen. Höflichkeit wäre in Analogie dazu Feinheit in der Erscheinung.

Unter dem Primat der absoluten Wahrhaftigkeit und Ehrlichkeit wären etliche Gesten angezählt, die das Leben doch eindeutig bereichern. Zurück bliebe eine Welt ohne Komplimente, ohne Charme, Poesie, Illusion und wohl auch Hoffnung. Den Feinden der Feinheit gilt als Lüge, was die Wirklichkeit auch nur einen Augenblick lang verzaubert. Für die radikalen Gegner der Lüge steht immer das Ganze auf dem Spiel. Wo gelogen werde, nehme die Wahrheit an sich Schaden. Jeglichem Vertrauen werde die Basis entzogen. Wodurch schließlich das Band zwischen den Menschen zu reißen drohe. Ein Mensch, der lügt – so könnte man im Anschluss an Kant argumentieren –, tangiert etwas Allgemeines, die gesamte Menschheit Betreffendes. Lügner übertreten demnach eine Grenze und verlassen den Zusammenhang der vernunftbegabten und -geleiteten Wesen. In der Konsequenz bringen sie sich um ihre

Dignität. Lügner müssten folglich als nichtswürdig erachtet werden.

Der Romancier Wilhelm Genazino hat dazu bemerkt: »Oft lügen wir nicht, weil wir etwas vertuschen wollen, sondern wir lügen, weil wir nicht sagen können oder wollen, wie merkwürdig und sonderbar die Wirklichkeit für uns ist. Weite Teile der Realität sind enttäuschend und unserer permanenten Aufschönung bedürftig.«[3]

Aufschönung – gepriesen sei dieses Wort! Genazino blickt in einem kurzen Text mit dem Titel »Der Kampf gegen die eigene Biografie« auf eine Szene in seiner Kindheit zurück. Da ist die Vorfreude auf den Besuch eines Rummelplatzes. Er macht sich allein auf den Weg dorthin, im Kopf Bilder von zweistöckigen Karussells, allerlei Artisten und kunstvollen Puppenbühnen. Entsprechend hoch war die Fallhöhe aus der Phantasie in die Realität von Losbuden, verwahrlosten Trinkern und einem extrem billigen Jakob. Wieder zu Hause und von seiner Mutter nach den Eindrücken gefragt, berichtet er von einem wundervollen Erlebnis, das es so nie gab. Aber warum?

Gemäß den Sittenlehren eines Aurelius Augustinus oder Johann Gottlieb Fichte war diese Unaufrichtigkeit verachtenswert, der kleine Junge ein veritabler Lügner. Wahrheit, diese absolute Pflicht,

---

3 Genazino (2014), S. 229.

kennt keine Ausnahmen. Der kleine Genazino war jedoch schlicht überfordert von der Komplexität der Eindrücke, der tiefen Enttäuschung, vor allem wollte er seine Mutter schonen. »Ich hatte geflunkert, weil mir die Darstellung der Wahrheit zu kompliziert, zu langweilig, zu unergiebig oder gar nicht verfügbar war.«[4]

Nicht ohne Grund spricht Genazino hier von Flunkerei statt von Lüge. Der Junge will der großen, vielleicht überzogenen Erwartung die Treue halten. Seine Imagination führt eine Art Eigenleben und macht eine fade Erfahrung im Nachhinein erträglich. Hier kommt die Unterscheidung zwischen Lüge und Verhehlung ins Spiel. Ein Lügner sucht seinen Vorteil und nimmt den Schaden anderer dafür in Kauf. Solchem Mangel an Charakter kann man dem Verhehlen kaum vorwerfen, denn es will Unattraktives »aufschönen«. So muss auch für Stil und Manieren ein anderer Maßstab des Fürwahrhaltens angelegt werden. Bewusste Erdichtungen wie »hochachtungsvoll« oder »sehr geehrt« erheben sich über die Wirklichkeit – und (fast) allen dürfte das auch sonnenklar sein. Wir verehren dabei die Illusion, den schönen Schein. Das Bewusstsein wendet sich vom Metaphysischen zum Metaphorischen, vom Wahren zum Poetischen.

---

4 Genazino (2014), S. 228.

Die Sprache des Verhehlens stellt ein atmosphärisches Projekt dar; dazu gehört ganz wesentlich eine Unterbrechung des permanenten Urteilens, ein Aussetzen der maßlosen Direktheit, eine Pause vom Unverblümten. Eine bis heute nützliche Kurzgrammatik erschien 1641 unter dem Titel »Della dissimulazione onesta« (»Von der ehrenwerten Verhehlung«), verfasst von Torquato Accetto. Fast nichts ist über den Verfasser dieses gut dreißig Seiten langen Traktats bekannt, nur dass er Ende des 16. Jahrhunderts im apulischen Trani geboren wurde und bald nach der Veröffentlichung seines Buches unter ungeklärten Umständen starb, sich als Schreiber oder Sekretär durchschlug und in spärlichen Verhältnissen lebte. Immerhin als Versdichter und Mitglied des Zirkels um den wohlhabenden neapolitanischen Marchese Giambattista Manso, seines Zeichens Mäzen und Biograph Tassos, wird er kurzzeitig historisch fassbar. Sein schmaler und von humanistischem Gedankengut geprägter Text konserviert die Schrecken und Verunsicherungen jener Zeit. In den transalpinen Ländern tobte noch immer der Dreißigjährige Krieg, unter dessen Last auch das Vizekönigreich Neapel indirekt zu leiden hatte, denn das als Weltmacht angezählte Spanien erdrückte Süditalien regelrecht mit seiner Steuerlast, um den Krieg in der Ferne weiterhin finanzieren zu können. Die Stadt litt unter Armut und Aufruhr. Aber damit nicht genug: Jener Teil der Intelligenzia, der meist im Stillen und Verborgenen den befreienden Geistern der Neuzeit anhing, verharrte in Angst vor Verfolgung und Repression. Das viel später so genannte Projekt der Moderne zeichnete sich damals nur in der Korrespondenz zwischen den wenigen verstreuten avantgardistischen Köpfen in Europa ab. Gegen die traditionelle Schwertmacht von Adel und Klerus war die ganz junge Methodenmacht eines Descartes, Campanella oder Galilei noch alles andere als wehrfähig. Campanella, Verfasser der utopischen Schrift »Der Sonnenstaat«, entging dem Henker nur, weil er sich wahnsinnig gestellt hatte; nach fast 27 Jahren Kerkerhaft starb er zwei Jahre vor Erscheinen der »Ehrenwerten Verhehlung«. Descartes spricht in seinem anonym veröffentlichten »Discours de la méthode« (1637) von der Notwendigkeit des verhehlenden Schreibens, nachdem 1633 Galileis Schriften und wissenschaftliche Untersuchungen von der Inquisition verurteilt worden waren. Das Makroklima jener Zeit zwang diese Gedankenweltentdecker zur Selbstverleugnung.

Dem Thema Verstellung sollte Accetto aber auch noch in einer ganz anderen Weise begegnen, nämlich in Form der weiland berühmten Accademia degli Oziosi (Akademie der Müßiggänger) in Neapel, wo ein gewisser Giuseppe Battista Lüge und Manipulation als ultimative Kunststücke der Rhetorik pries und somit zu einem frühen Patron des *fake* avancierte. Verhehlung konnte also zweierlei bedeuten: einmal Selbstschutz und Vorsicht, dann aber auch Gefallsucht und Zynismus. Drohte den Schreibenden die Verfolgung, so konnten die Säusler auf Vorteil und Gewinn hoffen. Der alte Gegensatz von Philosophen und Sophisten schien sich nie überholt zu haben. Die Veröffentlichung des Traktats sollte auch für Accettos Abgang sorgen: Er wurde samt Buch von einer endlosen Nacht verschlungen. Erst im 20. Jahrhundert sorgten unter anderem Benedetto Croce und Italo Calvino für eine Wiederentdeckung dieses Giganten der Lakonie. Stilistisch könnte der Kontrast zu Castiglione nicht größer sein. Der buntgewebte Teppich der Urbino-Gespräche gegen die konzentrierte Kurzform der zartbitteren Lebenskunde des Neapolitaners.

Der Clou der »Ehrenwerten Verhehlung« besteht darin, dass Thema und Methode unmittelbar korrespondieren. In einer Eingangsnotiz an den Leser spricht Accetto von den Narben, die eine radikale Kürzung auf ein Drittel des ursprünglichen Umfangs am Text hinterlassen habe. Das Schreiben über die Verhehlung habe ihrerseits eine Sprache der Verhehlung notwendig gemacht. Die Angst vor Inquisition und Repression hat so ein kleines Meisterwerk der Zwischentöne hervorgebracht, welches in der Geduld die Ungeduld, im Stillschweigen den Aufschrei, in der Fügsamkeit das Aufbegehren und in der Notwendigkeit die Freiheit beschwört.

Am Anfang steht die Unterscheidung von Verhehlung einerseits und Betrug andererseits: »Das Verhehlen ist nichts anderes als ein Schleier aus ehrenwerter Finsternis und gewaltsamer Rücksicht, hinter dem nicht das Falsche entsteht, sondern der dem Wahren ein wenig Ruhe gönnt, um es zur rechten Zeit wieder zu zeigen.«[5] Verhehlen heißt etwas zu verleugnen oder zu schmälern, das man in sich trägt. Accetto spricht ausdrücklich von einer »Kunst« der Verhehlung, die alles andere als Betrug betreibe. Es gehe auch hier um Mimikry, um die Fähigkeit, »das Fell zu wechseln, um je nach der Saison des Schicksals gekleidet zu sein«.[6] Das bedrückende Klima der Angst zu jener Zeit, und insbesondere in Neapel, verdeutlicht denn auch die folgende Sentenz: »Also hast du nicht zu seufzen, wenn dir der Tyrann den Atem verschlägt, und es empfiehlt sich nicht, sichtlich blass zu werden, wenn das Eisen die Erde rot färbt mit unschuldigem Blut.«[7]

Auf den ersten Blick scheint Accetto nur ein wirksames Selbstschutzprogramm auflegen zu wollen, barocktypisch um das beherrschte Erdulden der Zeitläufte kreisend. Der einzelne, und niemals irgendein Wir, in der Defensive gegen eine dräuende Wirklichkeit – dieser vermeintlichen Urszene des Lebens zollt der Traktat stoischen Tribut. Das Schweigen gilt als Vollendung der Herrschaft über sich selbst; geradezu beschworen wird die Übung,

5 Accetto (1995), S. 23.
6 Accetto (1995), S. 24.
7 Accetto (1995), S. 46.

viel zu sein und wenig zu scheinen. Über allem steht Mäßigung als Maxime der Affektkontrolle: nicht auffallen, nicht provozieren, keinen Zorn zeigen, um denselben nur ja nicht zu ernten. »Der Gemäßigte hat somit die beste Begabung für diese Fertigkeit, denn er kann trotz des Sturmes in seinem Herzen ein heiteres Gesicht zeigen oder, wenn sein Gemüt ruhig ist, eine besorgte Miene aufsetzen, je nachdem, wie es die Gelegenheit erheischt ...«[8]

Was nach einer Handreichung für die Duckmaus klingen könnte, erweist sich bei genauerer Betrachtung hingegen als Verteidigung der Menschlichkeit. Accetto denkt sehr wohl, wenn auch vorsichtig und andeutungsweise, über den bloßen Selbstschutz hinaus. Er beschwört die Kunst des guten Benehmens, deren Fundament, ja genau, die Verhehlung sei. Diese hält »unsere unbotmäßigen Wünsche«, also den ganzen Katalog der Eitelkeiten, im Zaum; sodann lässt sie uns so tun, »als sähe man die Fehler des anderen nicht, auf dass die Unterhaltung in gutem Ton gelinge«.[9] Zur feinen Art des Verhaltens gehört also unbedingt die Diskretion in all ihren Ausprägungen, vom Verstecken der eigenen Ambition über eine vornehme Verschwiegenheit bis hin zur Zurückhaltung im Urteil. Der gute Ton stellt nie bloß. Die höfliche Verhehlung wahrt eine wichtige

8 Accetto (1995), S. 26.
9 Accetto (1995), S. 32.

Funktion, nämlich die der Menschenfreundlichkeit. Aus dieser Quelle kann die Gattung ein positives Selbstbild schöpfen.

Verhehlung (lat. *dissimulatio)* heißt für Accetto, die Dinge nicht so zu benennen, wie sie sind. Man verhehlt Tatsächliches. Im Gegensatz dazu heuchelt der Simulant etwas vor, das *nicht* ist. An der vielleicht zentralen Stelle des Traktates wird Vergil zitiert, der von Aeneas sagt: »Obwohl von schweren Sorgen bedrückt, mimt er Hoffnung, verbirgt seinen Kummer tief im Herzen.«[10] In diesen Versen durchkreuzen sich die Vortäuschung einer Hoffnung und die Verhehlung eines Schmerzes, *simulatio* und *dissimulatio*. Accetto erkennt offenbar dort eine markante Lebensnähe, wo sich Gegensätze nicht mehr scholastisch voneinander trennen lassen, sondern sich amalgamieren. Das innere Befinden steht in größtmöglichem Kontrast zur äußeren Geste. Der Hoffnungslose macht Hoffnung. An besagter Stelle erinnert Aeneas seine Gefährten an all das, was sie bislang erlebt, erlitten, aber doch auch überstanden haben. Er erinnert an die Wut der Skylla und an die Felsen der Kyklopen, um wunderbar versöhnlich in Aussicht zu stellen, dass sie alle dereinst vielleicht sogar gerne an diese Abenteuer und Gefahren zurückdenken werden: »Haltet durch und bewahrt euch für künftiges Glück.«

10 Vergil (2008), S. 23.

Leise, doch unüberhörbar öffnet Accetto für seine Zeitgenossen einen Raum der Hoffnung, indem er einem für die Potentaten unverdächtigen Klassiker Zauberworte der Utopie entnimmt. Zuversicht als Geschenk an die anderen bei gleichzeitiger Verdrängung der eigenen Ängste – dieses Motiv bestimmt auch zwei moderne Meisterwerke. In Jurek Beckers Roman »Jakob der Lügner«, der 1969 erschienen ist, erfindet der Jude Jakob im Warschauer Getto täglich neue Rundfunkmeldungen von der unmittelbar bevorstehenden Befreiung und verbreitet unter den Eingeschlossenen so viel Hoffnung, dass die Zahl der Selbstmorde wenigstens für eine gewisse Zeit zurückgeht. In Roberto Benignis Film »Das Leben ist schön« (1997) wird der jüdische Buchhändler Guido zusammen mit seinem Sohn Giosuè in ein Konzentrationslager deportiert. Um das Kind vor der grauenvollen Realität zu schützen, erklärt er sie zum Simulakrum. Alle würden nur an einem komplizierten Spiel teilnehmen, dessen Regeln sie genau einhalten müssten, um am Ende als Sieger einen echten Panzer, früher das Lieblingsspielzeug des Sohnes, zu gewinnen.

Torquato Accetto darf mit allem Recht von einer ehrenwerten Verhehlung sprechen, da sie dazu dient, dass die Ohnmächtigen und Hoffnungslosen ihr Dasein nicht mehr ausvegetieren müssen, sondern wenigstens momenthaft von einer ganz anderen Zukunft träumen können. Aber wie sieht es aus, wenn dieses Kunststück misslingt, wenn Verhehlung und Verhüllung plötzlich auch Verlierer hervorbringen? Ist derlei überhaupt möglich? Ja, beim Jupiter, das ist es.

Rom am 25. Januar 2016: Der iranische Präsident Hassan Rohani weilt in der Stadt, um endlich wieder Geschäfte im großen Format zu machen. Nach jahrelangen Sanktionen gegen sein Land versucht er einen Neustart der wirtschaftlichen Beziehungen, insbesondere mit Ländern der Europäischen Union. Und er bleibt nicht erfolglos. Milliardenschwere Verträge auf den Gebieten Energie, Transport, Gesundheit und Landwirtschaft werden in der Ewigen Stadt unterzeichnet. Am Abend eskortiert die Polizei seine granitgraue Limousine aus bayerischer Produktion Richtung Kapitol. Er soll dort mit dem italienischen Ministerpräsidenten Matteo Renzi vor die internationale Presse treten. Zuvor aber ist ein Gang durch die Kapitolinischen Museen geplant. Für das, was dort geschieht, wird später niemand die Verantwortung übernehmen wollen. Man wird vage von »den Behörden« sprechen, ohne auch nur eine explizit zu benennen und damit zur Verantwortung zu ziehen. Der lautstark vorgetragene öffentliche Protest verhallt deshalb auch ohne Folgen. Es heißt nur, dass aus Respekt für die iranische Kultur und den Glauben Rohanis all jene Figuren hinter hellen, sargähnlichen Holzverkleidungen verborgen wurden, deren marmorne Geschlechtsteile weithin sichtbar sind und für eine wie auch immer geartete Erregung des Betrachters sorgen könnten. Und so bleibt dem hohen Besuch der Anblick der Statuen von Amor und Psyche, des Apollo, des Eros mit dem Bogen, des Antinoos, der verwundeten Amazone, der Venus und des Herkules im Palazzo Nuovo erspart. Aus Rücksicht auf muslimische Abstinenzregeln wird denn auch beim abendlichen Bankett kein Tropfen Wein serviert, wie die italienische Nachrichtenagentur Ansa vermeldet. Bei Wasser, Trinkjoghurt und Tee beschwört der Gast aus Teheran die Wichtigkeit eines »Dialogs der Kulturen«.

Aus dem Köcher möglicher Nachfragen nur eine kleine Auswahl: Darf man von Gästen nicht auch Respekt für die eigene Identität erwarten? Gibt es denn umgekehrt bei Staatsempfängen in Teheran Wein für westliche Gäste aus Hochachtung für eine andersartige Genusskultur? Wohin verflog der Stolz für die eigene Geschichte, insbesondere für die Menschheitsbeglückung namens Renaissance, jenem Rückgriff auf die künstlerische Freizügigkeit der Antike zum Lobpreis des Menschen, der nicht länger als schamhaft zu verhüllende Fehlkonzeption des Allmächtigen gelten sollte, sondern als in seiner Proportion vollendetes Naturgebilde wiederentdeckt wurde? Hätte der politische Führer der verschleierten Hochkulturnation Iran den vermeintlichen Schock angesichts dargestellter Nacktheit nicht vielleicht sogar verkraftet? Gab es neben den diversen guten Gründen wie Respekt oder Appeasement möglicherweise noch den einen wahren, der da Rettung guter Geschäfte heißt?

Man weiß von bizarren Praktiken der Gastfreundschaft, die nachgerade maßlos anmuten. In einigen Volksgruppen Chinas, aber auch bei den Inuit, gab es vor Zeiten den gesetzesgleichen Brauch, wonach dem Gast für die Dauer seines Aufenthalts auch die Frau des Hauses überlassen werden musste. Jacques Derrida sprach von der »absoluten Gastfreundschaft«. Sie verpflichte seit jeher dazu, den anderen zu empfangen, ohne etwas von ihm zu verlangen, weder seine Identität zu kennen noch zu wissen, von woher er kommt. Dem Fremden wird bedeutet: Tritt ein, begnüge dich nicht damit, mir entgegenzukommen, nimm vielmehr meinen Platz ein! Der Hausherr ist bei sich zu Hause, nichtsdestotrotz – so Derrida – tritt er mit dem Gast, der von außen kommt, im übertragenen Sinne bei sich ein. Der Gast, der Ankömmling macht den Gastgeber überhaupt erst vertraut mit seinem Zuhause. Eigentlich »gibt« also der Gast dem Hausherrn etwas und nicht umgekehrt. Aber aktiv das Eigene verleugnen, kulturelles Gut bedecken, damit übersteigt Politik die wildeste Theorie und kurioseste Praxis.

Gast und Gastgeber betreten wie Komplizen eine Schonzone, die der Fremdheit und Empfindlichkeit wechselseitig Rechnung zollt. Vom Gastgeber wird erwartet, dass er seinen Besucher weder düpiert noch provoziert. So er nur halbwegs zivilisiert ist, dürfte es ihm nicht schwerfallen, auf bestimmte

Gewohnheiten zu verzichten und sich den Bedürfnissen des Gastes befristet anzupassen. Niemand wird wohl auf die Idee kommen, eine Nymphe oder einen Cupido gen Teheran zu verschenken. Doch um des freundlichen Respekts willen sind allen Beteiligten Grenzen gesetzt. Auch der Gast wird die Andersheit des Gastgebers anerkennen müssen; er wird in der Fremde nicht eine perfekte Simulation seines Zuhauses vorfinden können. Was heißt das für die Causa Rohani? Auch die abendländische Kultur verdient mehr als die Echolalie vom dekadenten, moralisch verkommenen Westen. Ansonsten gäbe es vielleicht auch noch die Möglichkeit, Unangenehmes zu ignorieren und sich an den vielen anderen schönen Dingen zu ergötzen. Vor allem in Rom.

Die Peinlichkeit jener kapitolinischen Verhüllung liegt weniger in der fragwürdigen Symbolik von Sarkophagen für die Kunst, sondern im augenscheinlichen Verlust der Selbstachtung. Wenn Accetto von der *ehrenwerten* Verhehlung spricht, so löst er bei David Hume hundert Jahre später ein fernes Echo aus, indem dieser den erstrebenswerten Habitus im öffentlichen Raum folgendermaßen beschreibt: »ein großzügiger Geist und ein berechtigtes Selbstwertgefühl, anständig verborgen«.[11]

David Humes Ethik steht im Zeichen einer stringent säkularen, nicht-religiösen Begründung

11 Hume (2003), S. 103.

der Moral. Sie stellt sich insbesondere Johannes Calvins Lehre entgegen, die seinerzeit in Schottland stark an Einfluss gewann. Demnach sollten Christenmenschen ihr Heil im ewigen Leben suchen und jenes hienieden mit Verachtung strafen. Das Streben nach Glück, für Calvinisten eine durch und durch irdische Versuchung, wird von Hume im Gegenzug zum höchsten Gut und wichtigsten Lebensziel promoviert. Anstatt die menschliche Existenz in ein wertvolles »Innen« und ein wertloses »Außen« aufzuspalten, verknüpft Hume das moralische Leben mit den Handlungen der Menschen in der realen Gesellschaft hier und jetzt. Die antiken Tugendlehren eines Epikur oder Cicero, aber auch die fortschreitenden Erkenntnisse von Psychologie und Physiologie in Sachen menschlicher Natur taugen ihm weit mehr für eine lebensnahe Moralphilosophie als das metaphysische Wortgeröll aller Kirchenväter zusammen.

Hume erklärt zugleich – lange vor Schopenhauer und Nietzsche – seinen Austritt aus der dominant-repressiven abendländischen Vernunftkirche. Die Ratio allein kann keine menschliche Handlung motivieren; menschliches Tun und Lassen gründet vielmehr im Wollen und Wünschen. Moralische Urteile basieren auf einem Wohlbehagen, welches Handlungen und Charaktereigenschaften hervorrufen, die den Menschen nützlich und erbaulich sind. Der Vernunft kommt dabei allenfalls eine verstärkende oder korrektive Funktion bezüglich sinnlicher Eindrücke und Gewohnheiten zu. Das Hirn als Sklave der Leidenschaften. Anders formuliert: Entweder stellt sich eine Ethik psychologischen Fragestellungen und kulturellen Kontexten, oder sie bleibt als bloßes Gedankenspiel irrelevant.

Hume sei deshalb hier erwähnt, weil er die bürgerliche Gesellschaft insgesamt als Schonzone versteht, *en detail* ausgeführt im vierten und achten Abschnitt seiner »Abhandlung über die Prinzipien der Moral«. Gutes Benehmen – Hume zählt dazu Freundlichkeit, Güte, Dankbarkeit, Großzügigkeit und Fairness – ist demnach kein überflüssiges Dekor, sondern »eine Art von schwächerer Moral, die der Leichtigkeit von Geselligkeit und Konversation dienen soll«.[12]

Die Stärke dieser schwächeren Moral besteht in der Absage an alle universalistischen Geltungsansprüche sowie in ihrer deshalb gebremsten Angriffs- und Belehrungslust. Wo keiner das letzte Wort hat, muss auch niemand nachweisen, kein Sünder oder Ignorant zu sein. Den modernen Rechtsstaat sieht Hume aus der Notwendigkeit hervorgegangen, Interessenkonflikte und Zusammenstöße in der Gesellschaft dem einigenden Gesetz zu unterwerfen. Auf der zwischenmenschlichen Ebene hätten »Stolz und Eigendünkel« die Regeln der guten Manieren und der Höflichkeit als Befriedungstechniken etab-

12 Hume (2003), S. 45.

liert, um persönliche Beziehungen zu entlasten und zu erleichtern.

»Menschen von gutem Benehmen erweisen einander gegenseitige Achtung. Verachtung anderer wird versteckt, Autorität verdeckt, Aufmerksamkeit wird jedem zu seiner Zeit geschenkt und ein leichter Fluss der Konversation wird erhalten, ohne Heftigkeit, ohne Unterbrechung, ohne Bestrebung nach Sieg und ohne einen Hauch von Überlegenheit.«[13] Trotz seines Rangs als Klassiker der neuzeitlichen Philosophie darf man Hume sehr wohl bacchantisches Grundwissen attestieren: »Die Torheiten des letzten Gelages sollten in ewiger Vergessenheit begraben werden, um den Torheiten des nächsten vollen Raum zu geben.«[14] Schon wieder *verstecken* und *verdecken* – für mollige Thermotope in einer sonst agonalen Mitwelt scheinen die Überlistung der Offenheit und das Vermeiden von Frontalbegegnungen notwendig zu sein. Lieber das Imitat der Herzlichkeit als den schroffen, brüsken und verletzenden Klartext. Hume entpuppt sich als Virtuose im Umgang mit der Kategorie Erleichterung und der von ihr erschlossenen Erfahrung. Das Rettende, auch und gerade in Trivialsituationen, könnte demnach heißen: Durchkreuzen von Ressentiments, Umgehen von Hindernissen, Überspielen von Dis-

13 Hume (2003), S. 99.
14 Hume (2003), S. 46.

sonanzen, Skepsis bei Grundsätzen, Betäuben von Schmerz – ohne zu lügen, nicht alle Wahrheiten sagen.

Da klingt folgender Stoßseufzer fast wie ein spätes Echo auf diesen heiteren, humanen Perspektivismus: »Wie stolz sind wir auf die Brutalisierung, auf den Hang zur Gesinnung, der so wahnwitzig ist wie der Hang zur Wahrheit. Da lobe ich den sanften Schmäh, tausche ihn dankbar ein für knochenbrechende Frisch-von-der-Leber-weg-Wahrheit, die nichts als wahnsinnige Unwahrheit.«[15] Hildegard Knef schrieb sich diese Zeilen im Mutterland des Schmähs, genauer am Traunsee im Salzkammergut, von der Leber. Als Literatin eine Spätberufene, verströmen ihre wenigen und stets memoirenähnlichen Werke einen stilistischen Glanz und mondänen Witz, der seinesgleichen bis heute sucht. Für die englische Ausgabe des Protokolls ihrer Krebserkrankung wurde ihr der Mark-Twain-Preis zugesprochen. In ihren Lebenserinnerungen und natürlich besonders in ihren zeitlos zu nennenden Chansons destilliert sich eine Lebensweisheit, für die ein hoher Preis fällig war. Die Knef, zeitlebens eine Schmerzensfrau, erlag gleichwohl nie der Larmoyanz. Tod des Vaters nur ein halbes Jahr nach ihrer Geburt, eine Kindheit im Zeichen der Tristesse, Trümmermädchen, Suizid des geliebten Großvaters, im Alter von sieben die Diagnose Polio,

---

15 Knef (1975), S. 20.

schwere Komplikationen bei der Geburt ihrer Tochter, Hysterektomie und Ileus, später Brustkrebs und mehr als fünfzig Operationen, Heptadonsucht bis zuletzt. Hildegard Knef zu sein, hieß immer auch, den Tod zu domptieren. Ihr wohl schönster, wenngleich völlig erfolgloser Film trug bezeichnenderweise den Titel »Jeder stirbt für sich allein«. Doch sie war auch »Die Sünderin« in einem dürftigen Melodram und musste als Deutschlands erste Filmnackte das über sich ergehen lassen, was heute *shitstorm* genannt wird, losgetreten von Kleinbürgertum, Krawallpresse und Klerus. Ganze fünf Jahre nach dem Ende des NS-Terrors und des Systems der Konzentrationslager galt der blanke Busen einer Ulmerin als nationale Schande. Warum schien ihr wohl der Hang zur Gesinnung wahnwitzig? Vielleicht, weil sie dessen Umschlag in Eifer und Schrecken am eigenen Leib erfahren musste. Und vermutlich hielt sie die Wahrheit im Singular bloß für die Erfindung eines Lügners. Daher die Scheu und Abneigung gegenüber jedem Klartext, jeder unverblümten Bekundung aller doch im Grund relativen Gewissheiten. Die Tonart ihrer Texte sollte immer der schwebende Konjunktiv bleiben.

Flüchtige Intensität

Alle Konventionen tendieren zum Faden. Mögen sie auch entlastend wirken, so verwandeln sie sich doch schnell in Zumutungen. Das Erwartbare langweilt, der Formalismus läuft läppisch ins Leere. Wer floskelt, der gründelt nicht. Und die Reizlosigkeit des Spießers wetteifert mit der Trivialität aller Aversionen gegen ihn.

Höflichkeit und Freundlichkeit sind, wie gezeigt, Als-ob-Überformungen, Ritualregister zum Zweck der Befriedung zwischenmenschlicher Kontakte. Die beiden Begriffe sind nicht nur auf der Bedeutungsebene engstens verwandt, aus ihnen spricht gleichzeitig auch der Geist der Simulation. Sich benehmen wie bei Hofe oder einander begegnen wie unter Freunden, damit soll brisante und bedrohliche Tuchfühlung tunlichst vermieden werden. Entstanden als Reflex auf die Verletzlichkeit des Ich, hat sich in der bürgerlichen Gesellschaft eine »Logik der Diplomatie« (Helmuth Plessner) ausgeformt, begleitet von einem Sprachspiel, in dem Grüße und Wünsche mit Vorliebe im Superlativ verschickt werden oder ein Dank gar von Herzen kommen soll. Diese Logik sollte möglichst viele Lebensbereiche durchziehen, die Sphäre anonymer Begegnungen im öffentlichen Raum ebenso wie Schule und Beruf, Freizeit und Tourismus, bis hin zum Sport mit dem die Wettkämpfe deeskalierenden Gebot des *fair play*.

Wie alle Kulturtechniken wirkt auch die Höflichkeit über kurz oder lang mechanisch. Anders als der Vorwurf der Lüge trifft die Kritik am Schematismus und der stereotypen Formelhaftigkeit von Manieren tatsächlich einen wunden Punkt. Wenn jeder nur noch sagt, was der andere erwartet, um ja nicht zu düpieren, wenn die Sprache selbst jeder Würze beraubt und ins witzlos Formelhafte bereinigt wird, wenn Gesten allzu erwartbar sind und keiner mehr aus der Rolle fällt, dann willkommen auf dem Maskenball namens Gesellschaft.

Diese Drohkulisse macht Höflichkeit aber keineswegs obsolet. Ebenso wenig der Vorwurf, Umgangsformen würden allenfalls die Nahbeziehungen beeinflussen, die gesellschaftliche Realität aber nicht verändern. Der freundliche Habitus berge weder Kritik noch Ablehnung der Verhältnisse, er helfe den Menschen nur, sich besser zu arrangieren mit einer niemals optimierten Welt. Aber wäre dann nicht auch die Körperhygiene, von der doch kaum revolutionäres Potential ausgeht, vernachlässigenswert? Ein stichhaltiges Argument gegen die Aufwertung der Person mittels Sitte und Geschmack scheint irgendwie noch nicht gefunden.

Formeln der Wertschätzung klingen bisweilen hohl. Und das gilt nicht nur für Höflichkeitsbekundungen, es betrifft auch eine gegenwärtig opportune Redensart. Sie kreist um das Bekenntnis zu Diversität, Inklusion und Gleichstellung. Dem niederländischen Journalisten und Zeitgeistzerleger Ian Buruma ist der Hinweis darauf zu verdanken, dass Amerikas Top-Unternehmen sich in ihrer internen wie externen Kommunikation chamäleonhaft zu den angesagten Werten bekennen, ungeachtet ihres Geschäftsmodells und ihrer Produktpalette.[1]

»Diversität und Inklusion sind die Grundlage unserer Kultur und spiegeln unsere Werte, das zu tun, was richtig ist.« (Lockheed Martin)

»Wir engagieren uns schon seit langem für Inklusion, Diversität und Gerechtigkeit.« (Goldman Sachs)

»Wir gehen den Weg vom Bewusstsein über das Engagement zum Handeln.« (PepsiCo)

Doch wie glaubwürdig sind derlei Bekenntnisse, wenn sie von einem Rüstungsgiganten, einer Investmentbank oder einem Junk-Food-Produzenten stammen? Wenn Konzerne dieses Kalibers sich aus dem woken Satzbaukasten bedienen, so trägt das für Buruma Züge einer »Liturgie«, bei der auch die bösesten Buben nicht außen vor sein wollen. Stichwort Diversität: Exklusive US-Privatschulen wie Dalton oder Amherst beschäftigen dazu gleich mehrere Vollzeitkräfte; das weiße Personal ist angehalten, mit speziellen Trainings das Werk des Antirassismus zu vertiefen. Wie die Liturgie der politischen Korrektheit hat auch das Weißsein hier eine parareligiöse, genauer eine schuldhafte Dimension,

1 Vgl. Buruma (2023), S. 20.

steht es doch für nichts weniger als die Erbsünde. Antirassist ist nur, wer sich wegen seines Privilegs schuldig bekennt. Die jährlichen Schulgebühren für Amherst übersteigen das amerikanische Durchschnittseinkommen um mehr als dreißig Prozent. Die Präsenz armer schwarzer Kinder aus Harlem dürfte damit sehr überschaubar bleiben.

Für die woke Geste bedarf es keines Feingefühls. Respekt vor Menschen und Minderheiten mag ihr guter Grund sein, Macht in Form von Sprachkontrolle und Umkehrung der Beweislast in Sachen Diskriminierung aber möglicherweise das wahre Motiv. Fragwürdig scheint auch die dabei zugrundeliegende Vorstellung, sämtliche menschlichen Verhältnisse könnten so figuriert werden, dass sie nicht mehr vieldeutig und ambivalent, sondern nur noch von vermeintlich guter, reiner und geordneter Art sind. Teilen nicht alle Ideologien diese militante Feinsäuberlichkeit miteinander? Muss, wer an ihr zu zweifeln wagt, sich nicht beinahe zwangsläufig von empörten Chören zum Feind erklären lassen?

Aber auch die klassische Höflichkeit kommt weitgehend ohne Feingefühl aus. Sie dient als Schutz vor den anderen, ersinnt Rituale, die für alle gelten sollen, und sie will als allgemeine Umgangsform gelten, die idealerweise durchgängig und überall zur Anwendung kommt. Sie markiert, um es bündig zu sagen, eine Spielart des Universalismus. Und damit scheint auch offenkundig, was Höflichkeit nicht ist: Intensität, Intimität, Berührung. Bezeichnenderweise spricht man von einem geschliffenen Verhalten, um urbane Geschmeidigkeit und eine gewisse soziale Raffinesse hervorzuheben. Was meint Schliff? Eine geglättete Oberfläche möglichst ohne Unebenheiten, eine polierte Präsenz, die weder verführt noch abschreckt, auffällig in ihrer Unauffälligkeit – *politesse* eben. Manieren ließen sich vielleicht mit Standardtänzen, dieser besonderen Form von Weltkulturgut, vergleichen. Aus einstudierten Bewegungsabläufen, aus geübter Balance und Haltung entsteht so etwas wie eine kinetische *lingua franca*, eine tänzerische Harmoniefähigkeit, die nahezu in jedem Kontext abgerufen werden kann.

Feingefühl schafft keine Ordnung. Es lotet aus, tastet ab, beobachtet und erzeugt eine Intensität, die nicht *den* anderen, sondern *dem* anderen gilt. Die Aufmerksamkeit richtet sich auf ein Gegenüber in Gestalt einer konkreten, leibhaftigen Person. Die Psychologie verwendet den Begriff »Feinfühligkeit«, um damit die Art und Weise zu bezeichnen, wie eine Bezugsperson Kleinkinder positiv beeinflusst, so dass diese eine starke und sichere Bindung verspüren. Als wegweisend dürfen die Forschungen der amerikanischen Entwicklungspsychologin Mary Ainsworth gelten. Demnach sei die Feinfühligkeit ein Geflecht aus vier Komponenten: Am Anfang steht die Wahrnehmung der kindlichen Signale und Stimmungen durch die Mutter oder eine andere Bezugsperson, deren Sensomotorik und Affekte wiederum auf den Säugling oder das Kleinkind ausstrahlen. Das Beobachtete wird simultan interpretiert, basierend auf einem Gespür für die augenblickliche Bedürfnislage des Kindes. Die erwartete Antwort des Elternteils bleibt nicht aus und moduliert sich situativ je nach Alter und Charakter des Kindes. Schließlich erfolgt die prompte Reaktion, so geht die Mutter zum Beispiel unverzüglich auf ausgestreckte Arme oder mimische Zeichen des Babys ein. Von der Passung zwischen den Bedürfnissen des Kindes und dem elterlichen Einfühlungsvermögen hängt ab, ob die kindliche Entwicklung durch die Bezugsperson befördert oder gehemmt wird, bleibt das Empfinden von Nähe doch immer etwas Brüchiges und Leichtverderbliches.

Die Natur hat die Befähigung zum Feingefühl und zur Sanftheit in uns deponiert. Am Anfang des Lebens, in der kurzen Vorgeschichte der Worte, verbinden sich das Frischgeborene und sein Schutzmensch im sensorischen Kontakt. Kon-takt, das meint ursprüngliches Berührtwerden, gebend und empfangend, das meint die psalmodierende Stimme der Mutter ebenso wie das im Arm schlummernde, entrückte Kind.

Aber nicht nur die Bindungstheorie, auch die französische Psychoanalytikerin Anne Dufourmantelle erkennt in der Sanftheit den geheimen Namen der Kindheit. Früh erlebtes Feingefühl sei aber nicht vergangen, sondern bleibe auch dem erwachsenen Menschen wenigstens spurhaft erhalten. Immer in Gefahr, der Tyrannei des Selbstbewusstseins und dem Durchsetzungswillen des Ich geopfert zu werden, harrt das Sanfte als körperliche wie spirituelle Potenz irgendwo in uns aus. Die existentielle Konsequenz daraus hieße: Intakt sein meint berührt werden oder wenigstens berührbar zu bleiben.

»Um auf Sanftheit hoffen zu können, müssen wir noch etwas Kraft haben. Es kommt vor, dass wir nicht mehr daran glauben. Die Abstumpfung ereignet sich lautlos, peu à peu. Es gibt diese entleerten Leben, die keine äußeren Zeichen ihrer eigenen Zerstörung aufweisen, außer dass sie von Abwesenheit geprägt sind – Abwesenheit in Bezug auf sich selbst, anderen, der Welt gegenüber. Das Begehren nach Sanftheit kommt aus einer sehr frühen Zeit, aus einer Beziehung zum anderen, die unserem Eintritt in die Sprache vorausging.«[2]

Wo Abstumpfung und Leere noch nicht Raum gegriffen haben, dort bergen Feingefühle das Potential, alle Förmlichkeiten im Rollenspiel der Personen zu durchkreuzen. Ihre positive, weil anziehende Intensität mag aus der archaischen Phase der Vita herrühren, jedenfalls wirkt sie in der vermeintlichen Zeit der Reife unkonventionell und hat ganz offenkundig Seltenheitswert. Wie oft oder besser: wie selten erleben wir einen Kontaktrausch? Dem Bann der Erotik erliegen nur jene Nie-Erwachsenen,

---

2 Dufourmantelle (2020), S. 37.

welche das offene Spiel aller Register der Wahrnehmung nicht verlernt haben.

Daseinsbefreundend wirkt das Feingefühl bereits als flüchtige Intensität; so blitzt eine Art Mikroerotik auf, die allein dem Momentum gehorcht, um mit ihm gleich auch wieder zu verschwinden. Es gilt einer anderen Person und realisiert sich in der konkreten, unvorhergesehenen Situation. Der Takt gehört ganz dem Augenblick und überrascht mit einem subtilen Gespür für fremde Bedürfnisse. Er kann ein Tun oder auch ein Unterlassen sein, jeweils einer richtigen Intuition folgend und die Momentanverfassung des Gegenübers erahnend. Feingefühl alias Takt bedeutet – mit dem Pädagogen Jakob Muth gesprochen – »Respekt vor der letzten Unnahbarkeit des andern«.[3] Die Formulierung lässt an Rilkes Wendung vom Wachehalten an der Einsamkeit des geliebten Menschen denken.

Das deutsche Wort ›Takt‹ wurde im 16. Jahrhundert aus dem gleichbedeutenden französischen *tact* entlehnt; beide gehen auf das lateinische *tactus* zurück, was bekanntlich mit Schlag übersetzt wird. Grimms Wörterbuch definiert Takt als »das innerliche feine gefühl für das rechte und schickliche, ein feines und richtiges urtheil«. Der Bogen vom Schlag hin zum Feinen bedarf einer Erklärung, und diese könnte in die Musikgeschichte, genauer in die Geschichte

3 Muth (1962), S. 20.

der orchestralen Aufführungspraxis führen. Takt als Ordnungsprinzip scheint gleichursprünglich mit der Mehrstimmigkeit in der Musik. Noch im 18. Jahrhundert wurde durch Klatschen, Stampfen oder aber durch Schlagen mit einem Stock »taktiert«, robust und unüberhörbar vorgenommen von einem Dienstmann abseits des musikalischen Geschehens. Erst nach 1750 sollte sich das lautlose Taktieren eines Dirigenten durchsetzen. Mit dem filigranen Taktstock und seinem Luftspiel verbindet sich ein neues Feingefühl für das musikalisch Angemessene.[4] In der Evolution vom Taktstampfer zum Dirigenten tritt ein Gespür für die Unordnung in der Ordnung, für das Beben in der Struktur zutage. Musikalität auf dieser Stufe heißt, den Akzent auf das Dynamische, Unregelmäßige, Abweichende zu legen. Semantisch könnte hier der Berührungspunkt des Konzertanten mit der elementaren Sensibilität des Menschen auszumachen sein. Takt als Synonym für Feingefühl hieße dann Sinn für das Eigenrecht und die Bedürfnisse des Augenblicks. Das Wort *Takt* hat seine Wurzeln im Physiologischen, von wo aus sich seine Bedeutung abstrahiert. Nicht anders verhält es sich beim Geschmack. Der Begriff verharrt nicht bei den Sinneseindrücken mittels Zunge und Gaumen, sondern erhält einen erweiterten Sinn von ästhetischem Anspruch und attraktiver Erscheinung. »Geschmacklos« bezeichnet darum

---

4 Vgl. Muth (1962), S. 16 ff.

sowohl die Reizarmut einer Speise wie auch eine völlig unpassende Geste oder Bemerkung.

Feingefühl lässt sich – anders als Höflichkeitsrituale – weder predigen noch einstudieren; ebenso verschließt es sich dem moralischen Postulat. Eher gehört der Takt wohl in den Dunstkreis einer Ästhetik der Existenz mit der entwaffnenden Selbstverpflichtung: Möglichst nie den anderen inkommodieren! Daraus spricht eine nicht übergriffige, da Distanz wahrende Spielart der Nächstenliebe und zugleich ein Unwille zur Macht, welcher Diskretion, Sanftmut und Empfindsamkeit ausstrahlt. Takt, mehr Improvisation als Spiel nach Noten, macht die Kärrnerarbeit am Begriff zur vergeblichen Mühe.

Noch einmal David Hume: »Es gibt einen Charme, eine Grazie, eine Leichtigkeit, eine Vornehmheit, ein Ich-weiß-nicht-was, das einige Menschen vor anderen auszeichnet, das ganz anders ist als äußerliche Schönheit und Anmut, und das dennoch unsere Zuneigung fast ebenso plötzlich und heftig erfasst.«[5] Wenn die Philosophie, was selten genug geschieht, ihre Verlegenheit in puncto Erklärungskompetenz einräumen muss, kann vielleicht die Literatur erzählerisch zu Hilfe kommen. Sowohl die Bedeutung als auch die Facetten des Taktes erschließen sich an einem literarischen Beispiel, zu finden in Marcel Prousts Opus »Auf der Suche nach der verlorenen Zeit«. Im zweiten Band

5 Hume (2003), S. 105.

mit dem Titel »Im Schatten junger Mädchenblüte« erinnert sich der Ich-Erzähler namens Marcel an seine Jugendzeit und die Sommertage im fiktiven Badeort Balbec. Dort, an der französischen Atlantikküste, lernt er eine aparte Mädchenclique kennen, aus der eine Gestalt aber deutlich herausragt – die als zartsinnig, liebevoll und nachdenklich beschriebene Andrée:

»Gleichwohl besaß Andrée eine viel größere Einsicht in die Dinge des Herzens und ein fein ausgebildetes Zartgefühl; den Blick, das Wort, die Handlungsweise finden, die möglichst wohl durchdacht Vergnügen machen könnten, eine Überlegung verschweigen, die Schmerz hätte zufügen können, das Opfer (mit der Miene, als sei es keins) einer Stunde des Spiels, einer Nachmittagseinladung, eines Gartenfestes zu bringen, um bei einem Freunde oder einer Freundin zu bleiben, die gerade traurig waren, und ihnen auf diese Weise zu zeigen, dass sie ihre Gesellschaft bloßen oberflächlichen Vergnügungen vorzöge, waren bei ihr ganz gewöhnliche Äußerungen des Takts.«[6]

Es mag trivial klingen, lohnt möglicherweise aber doch die Notiz: Takt geschieht zwischen einzelnen Personen. Staaten oder Organisationen gehen nicht taktvoll miteinander um. Ebenso wenig lässt sich im Verhältnis von Menschen zu Dingen von Takt sprechen. Stets ist das Szenario ein potentiell

6 Proust (1989), S. 1211 f.

dialogisches. Takt geschieht zwischen natürlichen Personen. Künstliche Intelligenzen mögen auf formelhafte Freundlichkeit programmiert werden und darin sogar unsere Artgenossen überbieten können, doch das kunstfertige Spiel des Taktes, die Magie eines Moments flüchtiger Intensität und das Durchstimmtsein von Zuneigung transzendieren noch die komplexeste maschinelle Datenverarbeitung. Hier klafft der Unterschied zwischen Spontaneität und Repertoire. Takt ist ein Phänomen der Lebenswelt und alltäglichen Begegnung.

Dem unscheinbaren Wörtchen *und* kommt in diesem Zitat eine besondere Bedeutung zu. Proust versteht Takt im wesentlichen als Verknüpfung, als eine Melange aus Einsicht und Gefühl, Reflexion und Zartheit. Beide Anteile scheinen sich im Auftreten von Andrée wechselseitig zu temperieren, auf dass keiner an Dominanz gewinne. Wir erahnen aus der Schilderung des Romanciers ihre Menschenkenntnis ebenso wie ihr psychologisches Talent, welches angesichts ihrer Jugend bereits eine bemerkenswerte Reife zeigt. Gibt es beim Zartgefühl eine Entwicklung? Entfaltet und verfeinert es sich im Lauf der Zeit? Der Proust-Passus legt diese Vermutung nahe, wenn er diesbezüglich von einer »Ausbildung« spricht. Die Vorstellungskraft für die Empfindungen, Bedürfnisse und Erwartungen des anderen scheint auch eine Sache der Übung zu sein. Takt als unauffällige Kunst, welche um die »Dinge des Herzens« kreist. Man könnte auch sagen, die junge Frau findet eine Balance zwischen Direktheit und Diskretion. Das Wissen um jemandes Gefühlslage gibt sich als Ahnung aus, um auch nur den leisesten Verdacht von Plumpheit oder Übergriffigkeit zu zerstreuen. Bitte nur ja kein vernehmbares Psychologisieren oder Ratschlagen, dieser Brutalismus wider jede zwischenmenschliche Anmut!

Blick, Wort und Geste von Andrée stehen offenbar im Zeichen des Sanften, Galanten und Zuvorkommenden. Aber auch des Opfers. Sie stellt sich selbst hintan, sobald ein Freund oder eine Freundin ihrer bedarf. Um im richtigen Moment ein »durchdachtes Vergnügen« – wieder eine kunstvolle Proustsche Verknüpfung – spenden zu können, besinnt sie sich allein auf ein zu beförderndes Wohlgefühl ihres Gegenübers. Das diskrete Verbergen ihrer Überlegungen, das freigiebige Verschenken ihrer Zeit, aber auch die gute Miene zur Pflichtübung geraten derart zur sozialen Finesse, dass diese »ganz gewöhnlich« anmutet.

Dank ihres Taktgefühls hilft Andrée, geistesgegenwärtig und doch wie nebenbei, einer Freundin aus der Bredouille. Es wäre aber ein Missverständnis, Takt mit Perfektion gleichzusetzen. Er repräsentiert, beinahe im Gegenteil, die Kunst, mit Schwächen, Peinlichkeiten und Blößen so umzugehen, dass daraus ungezwungen ein Moment der Sympathie, des freundlichen Anteilnehmens, zum Vorschein kommt. Takt steht, um eine Formulierung der Romanistin Barbara Vinken aufzugreifen, für »eine Geisteshaltung, die im Sinnlichen übersinnlich präsent ist«.[7] Andrées Erscheinung vermittelt eine Ahnung davon, was Anmut ausmacht. Kein bedeutungsschweres Raunen, kein Auftrumpfen mit Weltläufigkeit, schon gar keine klebrige Tuchfühlung, statt dessen wissende Heiterkeit, der Selbstironie und Liebenswürdigkeit nicht fremd sind. Wem eine Andrée begegnet, der oder die fühlt sich nicht einfach nur geduldet oder ertragen, vielmehr belebt und betört von ihrem Gefühlsverstand. Davon kann auch Prousts Protagonist erzählen: »Mir selbst gegenüber wiederholte sie als einzige der jungen Mädchen nie, was etwa Unangenehmes über mich gesagt worden war; ja mehr noch: wenn ich selbst es ihr erzählte, tat sie so, als glaube sie nicht, oder gab dafür eine Erklärung, die die betreffende Rede harmlos erscheinen ließ; die Gesamtheit dieser Eigenschaften ist das, was man als Takt bezeichnet.«[8] Aus dieser Beschreibung lässt sich, wenn auch unausgesprochen, noch eine weitere Erkenntnis ableiten. Takt ist kein schaukelndes Spiel von Aktion und Reaktion. Im Unterschied zur Höflichkeit, welche auf dem Austausch von Freundlichkeiten basiert, gehorcht er einem tiefsitzenden Gespür für die Empfindsamkeit eines Gegenübers, das nicht unbedingt auf Erwiderung, geschweige denn auf Entlohnung ausgerichtet ist. Proust jedenfalls

---

7 Vinken (2023), S. 27.
8 Proust (1989), S. 1213.

legt die Vermutung nahe, dass es sich beim Taktgefühl um eine momenthafte Verausgabung handelt, die Anmut, Milde und Nachsicht ineinander verflicht.

Es könnte Zeit für einen Žižek-Witz sein. Wohlan: Ein Mann platzt in ein fremdes Badezimmer, darin sich eine Frau gerade duscht. Die Höflichkeit würde ihm abverlangen, schleunigst die Türe wieder von außen zu schließen mit den Worten »Pardon, Madame!«. Taktvoll zu reagieren hieße, sich zurückzuziehen und dabei zu sagen »Pardon, mein Herr!«.[9]

Takt verlangt nach der Nuance. Es ist diese kleine Abweichung von der Konvention, welche einen Menschen dazu befähigt, situativ nicht nur das Angemessene zu sagen oder zu tun, sondern darüber hinaus ein Zeichen zu setzen. Seine Geste weiß zu verblüffen, insofern sie vom anderen Ich her denkt. In Slavoj Žižeks Gag macht das eine ausgetauschte Wort den qualitativen Sprung vom höflichen zum taktvollen Verhalten aus. Die erste Variante darf buchstäblich schon als tadellos gelten. Jemand tappt in eine Peinlichkeit und entschuldigt sich dafür; seine kulturelle Prägung trägt offensichtlich Früchte. In der zweiten Variante wird das Verhaltensschema gewitzt durchkreuzt, so dass die Frau sich in der Illusion wiegen darf, gesehen und zugleich nicht gesehen worden zu sein. So bekommt sie von dem Fremden die Unsichtbarkeit

---

9 Žižek (2011), S. 10.

ihrer Blöße wenigstens teilweise zurück. Als kleiner Meister der Diskretion weiß der Mann im Witz um die Dialektik der Distanz: Wir kommen uns gerade dann näher, wenn wir Abstand wahren. Eine taktvolle Person berührt die andere gerade dadurch, dass sie eine gewisse Distanz aufrecht hält. Oder anders formuliert: Nähe bedeutet, die Andersartigkeit des Gegenübers zu erspüren, um es dann aber auch eigen sein zu lassen.

Takt, eine Berührung ohne Berührung, setzt die Gabe voraus, mit anderen Augen zu sehen. Könnte man also nicht einfach sagen, Takt sei eine Weise der Einfühlung, des Mitgefühls, der Empathie? Eine kurzzeitige Teilhabe am Innenleben eines anderen Menschen und zugleich eine kleine Manifestation von Wertschätzung? Mit anderen Augen – heißt das nicht, eine Gemengelage von Gefühlen aus der Perspektive einer Person zu betrachten, die nicht ich bin? Als ob es ein zweites Ich gäbe, dessen mentale Infrastruktur mir intuitiv vertraut vorkäme. Die Antwort darauf wäre ein schnödes Nein, was zugegeben der Erklärung bedarf.

Empathie schlägt eine Brücke zwischen Subjekten, sie lässt miterleben und mitfühlen. Die Emotionen einer anderen Person erscheinen plötzlich transparent und damit irgendwie auch teilbar zu sein. Im Grunde fremde Affekte erschließen sich der eigenen Sensibilität, so dass es scheint, als stecke man in der Haut des anderen und erlebe eine Situation imaginär aus dessen Warte. Empathie erschöpft sich nicht nur in der emotionalen Wahrnehmung, sie vermag auch kognitive und leibliche Prozesse zu teilen, etwa die Anspannung unmittelbar vor einer fälligen Entscheidung oder die Reaktion auf eine öffentlich dargebrachte Kränkung. Der schöne Ausdruck des *Mitfieberns* bringt das Eigentümliche der empathischen Stimmung zutage. Im geteilten Augenblick zwischen realen Personen, aber auch mitfiebernd beim Sehen eines Films oder Lesen eines Romans, wirken wir von den eigenen Interessen und Belangen entrückt, als ginge es gerade nur um die Fährnisse, in die sich ein fremder Mensch begeben hat.

Und dennoch erlebt man im Modus der Einfühlung eigentlich nur – sich selbst. All die Vorstellungen, wie ein anderer sich gerade fühlen muss, was sie oder ihn durchstimmt und welche Zeichen diese Person gleich senden wird, stellen doch nur einen Blick von außen dar.[10] Dem Einfühlsamen bleibt der hautnahe Schmerz ebenso erspart wie jeglicher Entscheidungsdruck. Dafür sorgt nicht zuletzt ein Klarheitsbonus, der Eindeutigkeit dort zu sehen glaubt, wo den anderen doch wohl eher gemischte Gefühle heimsuchen dürften. Auch der empathischste Mensch bleibt ein Beobachter, dessen Phantasie ihm letztlich einen Spiegel vorhält. Wie peinlich oder erregend wäre diese Situation

---

10 Vgl. Breithaupt (2017), S. 16 f.

für mich? Wie wäre mir zumute, und zu welcher Handlung wäre ich verleitet? Der andere wird in dieser Aufwühlung zu meinem Alter Ego, freilich mit Akzent auf den letzten drei Buchstaben. Das Mit-Erleben überschattet die eigentlich betroffene Figur. Mitfiebernd stehen wir vielmehr an der Pforte zu unserer eigenen Unterwelt, einem Verlies voller Ängste, Wunden und Hoffnungen.

Wenn *mit anderen Augen* zu sehen nicht heißt, mit den Augen des anderen zu sehen, was dann? Es könnte bedeuten, eine Sehgewohnheit in Frage zu stellen – aber nicht irgendeine beliebige oder gar marginale, sondern die übliche Art und Weise der Wahrnehmung selbst. Diese Gewohnheit ergeht sich in einem scheinbar selbstverständlichen Akt, welcher in ständiger Abfolge Einordnungen, Typisierungen und Klassifikationen vornimmt. Der Menschen Blickwinkel auf die Phänomene ist zumeist ein kategorischer, besser gesagt: nur ein kategorischer. Dinge wie auch Personen unterliegen der Unterscheidung, was nichts anderes besagt als dass der urteilende Verstand diese in Gattungen einzuordnen sucht.

Wer wollte den Nutzen dieser Grundoperation in Frage stellen? Er dient immerhin der Selbsterhaltung. Die Phylogenese des Homo sapiens wäre aller Wahrscheinlichkeit nach längst Naturgeschichte, hätte er nicht die Fähigkeit entwickelt, Bedrohliches und Schädliches in die Kategorie des Zuvermeidenden einzuordnen. Auch in den Emphasen von Mitgefühl und Mitleid tritt eine Einordnung in Kraft. Jemand scheint mir ähnlich, ja geradezu meinesgleichen zu sein, da dessen (vermuteter) Seelenzustand mir doch wohlvertraut vorkommt. Im Setzen dieser Entsprechung versteckt sich die implizite Anmaßung der Einfühlung. Im Vergleich kommt ein Verhältnis zum Abschluss. Nichts mehr offen, die Schleier gelüftet, das Staunen passé.

Die Art des Sehens zu verändern, hieße dagegen, Andersheit wahrnehmen und aushalten zu können, anstatt alles und alle ins Vertraute zu zerren. Abstand und Distanz halten dagegen eine Spannung aufrecht; der andere kann sich als anderer nur in einem Zwischenraum zeigen, der so weit als möglich von Projektionen und Interessen befreit ist. Dafür den Blick zu schärfen, würde auch jener Definition von Takt entsprechen, die Ernst Bloch in seinem Frühwerk »Geist der Utopie« formuliert hat: »Höflichkeit des Herzens, das linde, schöne Wahren der Distanz, das reibungslose Nicht-Verstehen.«[11]

Distanz darf deshalb als lind und schön gelten, weil ihr Kälte ebenso abgeht wie Desinteresse oder Gleichgültigkeit. Sie gibt vielmehr einer anderen Person die Bühne, von der her sie herausfordern und verwirren, aber auch glänzen und verführen kann. Ohne diesen Abstand könnte eine bestimmte Ausstrahlung niemals ihre Wirkmacht entfalten. Das Wahren der Distanz erzeugt erst eine Seh-

11 Bloch (2018), S. 342.

schärfe für das Fremde, für ein Nicht-Ich in seiner ganzen Besonderheit und Eigenart. Distanz verschont das Phänomen. Sehr wohl denkbar, dass Bloch eine nur wenige Jahre zuvor veröffentlichte Warnung Rilkes im Ohr hatte: »Bleibt fern«. Sie entstammt einem unbetitelten Poem, dessen erste und berühmte Zeile – »Ich fürchte mich so vor der Menschen Wort« – existentielles Unbehagen mit abgründiger Sprachkritik verknüpft. Der definitorische Gebrauch der Wörter erzeugt beim Dichter Furcht, was auf Anhieb paradox anmuten mag, schließlich funktioniert Sprache als Bezeichnung und damit Kenntlichmachung von Dingen, Sachverhalten und Personen. Besagtes Gedicht aber stellt die »Objekte« als geradezu lebendig vor, weshalb sie Gefahr liefen, im Benennen und Aussprechen unterzugehen.

Bloch denkt Takt als dezente Hommage an die zweite Person: bitte nach dir. Linde Distanz meint denn auch alles andere als Zurückweisung, sie übt sich vielmehr in Vorsicht, wo sonst allzu zügig bewertet und beurteilt wird. Takt gibt Raum – und ist insofern das Gegenteil zum Mitgefühl, als er sich allenfalls eine Ahnung vom Seelenzustand des anderen zutraut und diesem Abstand wahrend begegnet. Die Wendung »reibungsloses Nicht-Verstehen« scheint inspiriert vom Einblick in die menschliche Gebrochenheit und der Unwahrscheinlichkeit einer gegenseitigen Luzidität. Aus dieser Definition von Takt spricht denn auch die Herausforderung, ein – unüberwindbares? – Nicht-Verstehen weder in Streit noch in Kränkung ausarten zu lassen. Ernüchterung trägt hier ein freundliches Antlitz; das Eigenwillige und Fremde, das der andere darstellt, muss nicht mehr bezwungen oder bekämpft werden, aber ebenso wenig in kitschiger Harmoniesucht zur Umarmung führen. Das Eingeständnis des Nicht-Verstehens darf als Demutsgeste durchgehen, bei der das Ich seine angemaßte Deutungshoheit skeptisch beäugt und die Schaltkreise der Kategorisierung von allem und jedem unterbricht.

Blochs Notat zum Takt bleibt ein Aperçu, eine bei aller Treffsicherheit doch beiläufige Bemerkung. Sie verortet den Takt in der Sphäre der Gesellschaft. Er wirkt wie ein Gradmesser für deren Reife und Format. Wo Bloch nur andeutet, wird ein anderer – nämlich der Philosoph und Soziologe Helmuth Plessner – genauer und konkreter. Vor genau hundert Jahren erschien dessen Schrift »Grenzen der Gemeinschaft«, die alle Merkmale eines Frühwerks trägt: Leidenschaft, Streitlust, Sprachgewalt und dünnhäutiges Unbehagen in der Gegenwart. Sie reagiert auf militante Umsturzversuche, welche die Weimarer Republik von rechts wie von links bedrohten und zum Teil bürgerkriegsähnliche Zustände hervorriefen. Völkische Putschisten vom Schlage eines Kapp und Hitler, aber auch bewaffnete Organisationen wie die Rote Ruhrarmee sagten einer vermeintlich verkommenen, bürgerlichen Gesellschaft den Überlebenskampf an. Eine Gemeinsamkeit zwischen den Todfeinden erkannte der junge Plessner in einer intim-gemeinschaftlichen Verbundenheit, eben jenem »sozialen Radikalismus«, dessen Kritik das Buch in seinem Untertitel verspricht. Plessner schreibt:

»Das Idol dieses Zeitalters ist die Gemeinschaft [...] Verständlich als Ideologie der Ausgeschlossenen, Enttäuschten, und Wartenden, des Proletariats, der Verarmten und der die Ketten noch frisch spürenden Jugend, gerechtfertigt als Protest der unter Großstadt, Maschinentum, und Entwurzelung Leidenden, entfaltet das Idol der Gemeinschaft seine Anziehungskraft auf die Schwachen dieser Welt.«[12]

Eine hellsichtige Vorahnung der zerstörerischen Wirkung von Gemeinschaftskulten in den nachfolgenden Jahrzehnten, ob im völkisch-faschistischen, links-totalitären oder religiös-fundamentalistischen Gewand. Man ersetze in der zitierten Passage den Begriff Gemeinschaft nur durch »Identität« oder »Community« und wird die Aktualität dieser Diagnose nur schwer leugnen können. Gemeinschaften werden auch im 21. Jahrhundert beschworen, sowohl an der identitätspolitischen wie auch an der chauvinistischen Front. Beide Lager zehren von einem Überschwang an Ressentiment. Alles scheint so simpel: hier das gute Wir, dort der böse

12 Plessner (2019), S. 28.

Rest. Identitäres Denken, gleich welcher Färbung, stärkt das Gemeinschaftsgefühl und erinnert dabei doch arg an tribalistische Bünde, die sich gegen eine feindliche Umgebung behaupten zu müssen meinen. Aus sachlichen Differenzen, widerstreitenden Meinungen werden Stammeskämpfe.

Gemeinschaften, gleich ob im Sinne des Blutes oder der Sache, gründen im unbedingten Vertrauen ihrer Glieder. Das Gefühl der Zugehörigkeit stiftet eine erlösende Geborgenheit im Kreise der Gleichursprünglichen und Gleichgesinnten. Doch jede noch so verschworene Gemeinschaft scheitert als Idee am doppeldeutigen Charakter des Psychischen. Öffentlichkeit ist ein Kampfplatz um Anerkennung. Der Mensch als ein ebenso natürliches wie artifizielles Wesen sucht die Sichtbarkeit und fürchtet sie zugleich. Er will geachtet sein in seiner sozialen Rolle und weiß doch darum, dass er nie wird darin ganz aufgehen können – ein unvollkommener Darsteller auf der Bühne. So streut er das Gerücht eines unerkannten Kerns, eines verborgenen Gesichts hinter der Maske. Ich bin immer mehr als mein Habitus im öffentlichen Raum, kein Urteil von außen, keine Einordnung würde mir jemals gerecht werden. Hinter der Maske – nichts anderes besagt Personalität im wörtlichen Sinne – hadert ein Individuum mit dem täglichen und leidigen Rollenspiel. Das Dasein ergeht sich in dieser Ambivalenz, es schreit nach Gesehenwerden und will sich doch nicht enthüllen, es lockt an und weist ab. Je ausgeprägter dieser Antagonismus, desto markanter und wohl auch verführerischer schillert eine Person. Plessner spricht von einer »nach Antastung strebenden Unantastbarkeit«.[13]

Wenn, wie Plessner andeutet, allenfalls in den Sphären von Liebe, Intimität und Hingabe eine unverstellte Begegnung gelingen kann, so bleibt jenseits davon nur ein Leben in Gesellschaft, was nichts anderes meint als kultivierte Distanz und Ethos der Grazie:

»Die erzwungene Ferne von Mensch zu Mensch wird zur Distanz geadelt, die beleidigende Indifferenz, Kälte und Roheit des Aneinandervorbeilebens durch die Formen der Höflichkeit, Ehrerbietung und Aufmerksamkeit unwirksam gemacht und einer zu großen Nähe durch Reserviertheit entgegengewirkt.«[14]

Plessner entpuppt sich, unschwer erkennbar, als geistiger Nachfahre jener französischen Moralisten, welche – inspiriert von der Salonkultur des 17. Jahrhunderts – die Lebensform des »hônnete homme« zum Existenzideal, für beide Geschlechter wohlgemerkt, ausriefen: Esprit im Einklang mit Taktgefühl, Virtuosität im Gespräch, ebenso unterhaltsam wie unaufdringlich im Auftreten, mehr Herrscher über die Konvention als ihr Sklave.

---

13 Plessner (2019), S. 84.
14 Plessner (2019), S. 80.

.Die Moralistik versteht sich als pragmatische Menschenkunde jenseits fixierter Moral oder gar Moralismus. Sie vereint nüchterne Beobachtung, Skepsis als Gebot der Ratio mit einer alles andere als egoistischen Selbstsorge. Ihr Augenmerk gilt den *mores*, also den vielfältigen Ausgestaltungen menschlichen Zusammenlebens, auch und gerade dort, wo sie unvollkommen wirken.

Der Clou in Plessners Argumentation besteht darin, dass Distanz hier weder als Gebot noch als bürgerliche Verhaltenslehre verstanden wird, sondern vielmehr als Antwort auf ein seelisches Grundbedürfnis. Den Menschen gibt ein vorsichtiges Abstandhalten die Möglichkeit, sich öffentlich darzustellen, ohne sich ganz preiszugeben, und sich dem anderen zu öffnen, ohne ihm zu nahe zu treten.

Das Phänomen Distanz staffelt sich auf drei Ebenen: einer raum-zeitlichen, einer reservierten und sodann einer respektvollen. Abstand im Raum wie in der Zeit bedeutet messbare Entfernung. Diese besagt noch nichts über eine innere Nähe und Verbundenheit von Menschen. Es geht ausschließlich um eine physikalische Konstellation. Distanz im Sinne der Reserviertheit dagegen lehnt eine soziale Beziehung ab, etwa im einseitigen oder wechselseitigen Ressentiment einer oberen gegenüber einer niederen Schicht. Aber es gibt auch eine schwächere, intersubjektive Form der reservierten Distanz, die paradoxe Aktivität nämlich, eine fremde Person wahrzunehmen, ohne irgendein Anschlussbedürfnis zu bekunden; man bleibt sich bewusst fremd. Unverbindliches Wahrnehmen, sekundenschnelles Taxieren, der Quecksilberblick des Stadtmenschen stellt weniger ein Ignorieren als vielmehr das Signal dar, in keinerlei Kontakt treten zu wollen. Es kann freundlicher oder abweisender ausfallen, in jedem Fall zielt es darauf ab, einander in Ruhe zu lassen. Der Umgang gewinnt eine risikofreie Form, eben die diskrete und durchaus erholsame Übereinkunft, einander unbekannt bleiben zu wollen. Je kalkulierbarer die Situation ist, je weniger Bedrohungspotential sie birgt, desto geschmeidiger kann ein Desinteresse sein – und das ist auf den Plätzen und Trottoirs, in den Verkehrsmitteln und Geschäften moderner Städte zunächst und zumeist der Fall. Distanz, Indifferenz und emotionale Neutralität prägen insbesondere den urbanen Alltag.

In einer feinsinnigen Spielart kann und will Distanz Respekt bekunden, Achtung vor dem anderen als einem souveränen Subjekt. Der junge Plessner, ganz und gar bürgerlich-liberaler Enragé, macht aus seinem Grauen vor jeder moralistischen Haltung keinen Hehl. Sein Lob des Feingefühls setzt vielmehr darauf, die eigene eruptive Echtheit zu unterdrücken, die Eindeutigkeit nicht länger als Selbstzweck zu verehren, der rücksichtslosen Aufrichtigkeit abzuschwören. »Unsere moralische Haltung leidet an einer Überbetonung der Gesinnung, des Gewissens und der innerlich erfassbaren

Werte.«[15] Im respektvollen Wahren der Distanz bleibe dagegen die Möglichkeit erhalten, andere und vielleicht fremdartig anmutende Profile in den Blick nehmen zu können; Abstand kann sogar so etwas erzeugen wie eine nähere Nähe, die das Staunen und die vertiefte Wahrnehmung noch nicht an Interessen verkauft hat.

Den Wert der Distanz begründet Plessner mit der Verletzlichkeit des Psychischen. Das Taktgefühl hält und wahrt den Abstand zwischen Menschen dergestalt, dass sich inmitten variierender Bedürfnisse zwischen ihnen Grenzen, Sichtblenden und Rückzugsgebiete auftun, welche nicht mit Kälte oder Gleichgültigkeit verwechselt werden sollten. Takt ist immer mehr als die Vermeidung des Fauxpas, nämlich das Vernehmen leisester Vibrationen der Mitwelt, nicht zuletzt wegen des Hintanstellens eigener Maßstäbe. Er kann helfen, das verbal kaum Artikulierbare dennoch zu verstehen und gestisch zu erwidern.

»Takt bedeutet Erkundung nicht unmittelbar gegebener, weil sorgfältig dem Blick der Welt verborgener Eigenschaften, die Fernfühlung, Ferntastung unmerklicher, aber aufschlussreicher Dinge im dauernden Umschwung der Lagen des sozialen Milieus, die Witterung für den anderen Menschen und zu-

---

15 Plessner (2019), S. 111.

gleich die Fähigkeit, es ihn nicht merken zu lassen, die Gedämpftheit im Ausdruck.«[16]

Plessners Bürger sind Athleten der freundlichen Rücksichtnahme und des unaufdringlichen Kontakts in einem wohltemperierten Republikanismus der Individuen. Seine Vision einer Gesellschaft der milden Mitte reagiert auf den offenen Streit der Weltanschauungen in der Zwischenkriegszeit. Warum ausgerechnet Deutschland sich als Kampfplatz der Konfessionen hervortun musste, wird er später mit der vielzitierten Formel von der »verspäteten Nation« als Spätfolge des Dreißigjährigen Krieges zu erklären versuchen. Seine Zeitgenossen hat er mit einem sagenhaften Credo zu überzeugen versucht:

»Unwahrheit, die schont, ist immer noch besser als Wahrheit, die verletzt, Verbindlichkeit, die nicht bindet, aber das Beste.«[17]

Nur auf den ersten Blick erliegt Plessner hier einer Sophistik, indem er den schönen Schein gegen die schmerzhafte Wahrheit ins Recht setzt. Tatsächlich geht es ihm um den fast verzweifelten Versuch, den Geist Castigliones in die moderne, hochnervöse Lebenswelt zu übertragen und am Aufbau einer Gesellschaft der Gelassenen mitzuwirken. Takt ist Musikalität im Wahren von Abstand und Respekt. Ein mentaler Grenzschutz. Für all jene, die unter Bürgertum mehr verstehen als Prosperität, Prestige

16 Plessner (2019), S. 110.
17 Plessner (2019), S. 108.

und Philisterei, bleibt Plessner eine verlässliche Instanz. Offenheit – wenn sie erbeten wird, Bekenntnis – wenn es das Gewissen fordert, Kritik – wenn sie unvermeidlich wird, abseits dieser Ausnahmen aber sollten Humanbeziehungen Etüden der Geschmeidigkeit bleiben. Distanz und Diskretion mögen für den hass- und hämeaffinen Zeitgeist heute die wohl fremdesten Worte sein. Helmuth Plessner hat sie bereits vor hundert Jahren gegen die Brandung gerufen.

Kleines Leporello der Taktlosigkeiten

Takt ist Timing. Kontakt bedeutet Teilhabe an einem intensiven Moment, der durch eine verbindende Geste, ein wohlüberlegt gesprochenes oder bewusst unterlassenes Wort geprägt ist. Takt erzeugt Präsenz, die als Simultanität von Wahrnehmen und Wahrgenommensein erlebbar wird. Dabei kommt dem Unausgesprochenen größte Bedeutung zu; im Feingefühlsleben führt alles Explizite so gut wie immer zum Debakel. Taktfähige Existenzen können mit einem Minimalismus im Ausdruck aufwarten, wo dem großen Rest nur der breite Pinsel zur Verfügung steht. Solche Talente des Andeutens zeichnet ein Zeitbewusstsein aus, welches dem Gebot des Augenblicks huldigt. In allen Zuspitzungen des Lebens, welche psychagogische Richtung sie auch nehmen mögen, hilft doch seltener der unverblümte Ratschlag als das Signal einer gelassenen Co-Ahnungslosigkeit.

Die Einsicht in den Zusammenhang von Zeit- und Taktgefühl wird schon aus der griechischen Antike überliefert. Theophrast, Schüler des Aristoteles und Kopf der peripatetischen Schule, begegnete dem spekulativen Denken mit Vorsicht, ja Skepsis. Dem Grundsatz, von der Sinneswahrnehmung auszugehen und induktiv zu den tieferen Ursachen vorzudringen, gehorcht auch seine berühmte Schrift über die »Charaktere«, in welcher er signifikante Schwächen der Menschen – dero insgesamt dreißig – hochamüsant beschreibt, um sie sodann bestimmten Persönlichkeitstypen zuzuordnen.

Das zwölfte Kapitel porträtiert den »Akairos«, was so viel bedeutet wie »der das Momentum nicht versteht«; treffsicher gibt es ein Übersetzer mit »der Taktlose« wieder. Theophrast führt darin einen Mann ohne Antennen für die Bedürfnisse seiner Mitmenschen vor, deren Situation er willentlich oder schlicht aus Stumpfsinn ignoriert:

»Er macht seiner Geliebten ein Ständchen, wenn sie fieberkrank ist …

Bei Hochzeitseinladungen zieht er mit Schimpftiraden über das weibliche Geschlecht her …

Er kann es nicht unterlassen, einem weiteren Bekannten einen Kaufwilligen vorzustellen, der einverstanden gewesen wäre, einen höheren Betrag zu zahlen, als der Bekannte (für die in Frage stehende Sache) bereits bekommen hat …

Er kümmert sich bereitwillig um Dinge, die man gar nicht wünscht und ihm nur nicht untersagen möchte …

Er greift sich einen zum Tanz, der noch nüchtern ist.«[1]

1 Theophrast (2022), S. 46 ff.

Ob damit auch eine Klimax des Plumpen präsentiert werden soll, welche darin gipfelt, jemand Unberauschten tanzen zu lassen, bleibt vage. Aber offenkundig nimmt der Scholar aus Athen eine Erkenntnis der modernen Systemtheorie vorweg, wonach feinfühlige Personen wissen, dass weniger Tatsachen als vielmehr Mitteilungen verletzen. Taktlosigkeit wird in all ihren möglichen Erscheinungsformen also jeweils immer auch ein kommunikatives Vollfiasko abbilden.

Die beste aller möglichen Lebenswelten wäre wohl die, in der Taktlosigkeit keinen Ort haben kann. Allein, sie bleibt eine Mär. Taktlose Menschen tauchen überall und in immer neuer Gestalt auf, verbreiten aber dasselbe Unwesen. Taktlos, das sind keineswegs die kleinen Unaufmerksamkeiten und Formfehler, der Fauxpas hier oder die Trampelei dort, kurzum all die Nebensachen, für die sich immer ein Auge zum Zudrücken findet. Taktlosigkeiten sind Tentakel des Vulgären. Diese Vulgarität – man kann es gar nicht deutlich genug betonen – greift in allen Milieus Raum. Als Domäne der Deklassierten lässt sie sich schwer abtun, schließlich begegnet Armut an Feingefühl auf allen Stockwerken der Gesellschaft. Weder pekuniäres noch kognitives Vermögen unterdrückt per se jenes halbstarke Ich, das groß um sich schlagen kann.

Ist die gerade vielbeschworene »Vulnerabilität«, also die seelische Verletzlichkeit des Individuums, nicht zwangsläufig Folge seiner Präsenz im öffentlichen Raum? Wenn jede und jeder demaskiert auftritt – auswärts kommode Hauskluft trägt, inflationär duzt oder das Privateste in digitalen Alben ausbreitet –, lauert freilich und sekündlich die Gefahr der Kränkung. Wer sich einem speziellen Habit für die soziale Sphäre verweigert, muss denn wohl auch alles persönlich nehmen. Das scheint der Preis für eine eingerissene Grenze zu sein, die ehedem eine tägliche Verwandlung erforderte. Anders gesagt: Kultiviertheit trägt immer Züge einer Art Selbstentwirklichung, dank der man dem ständigen Wechsel der Neigungen nicht mehr ausgeliefert bleibt. Jede Etikette, so sie nicht fundamentalistisch grundiert ist, dient auch als Technik der Resilienz; indem sie Übergriffe aller Art zu unterbinden sucht, erzeugt sie auf der zeremoniellen Oberfläche verflüssigte Identitäten und opfert Festlegungen einem Rollen-Spiel, dem eine innere Distanz der Akteure eingeschrieben ist.

Abstand zu sich selbst und zu den anderen in Form von Verhüllung, Manier und Pose könnte Bedingung der Möglichkeit jeder gelebten Philanthropie sein. Und eine Prophylaxe gegen Langeweile obendrein. Denn just darin, in ihrer schnöden Einförmigkeit, besteht vielleicht die Hauptsünde der Vulgarität. Deren Agenten wären als Stümper der Sublimierung zu enttarnen. Sie berufen sich, wenn überhaupt, auf den unverstellten, authentischen Ausdruck ihrer Impulse, egal ob Abscheu, Eitelkeit oder Begeisterung. Ein Drang, welcher doch nichts anderes bedeutet als eine »Erniedrigung der Freiheit«.[2]

Solche degoutanten Auftritte mögen einem Gesetz der inneren Schwäche gehorchen, können gleichwohl aber in diversen Schattierungen erfolgen. »Il catalogo è questo«, um mit Don Giovannis Pagen und Liebschaftenchronisten Leporello zu sprechen: Zu den leidigen, aber doch alltäglichen Erfahrungen zählt die *zudringliche Taktlosigkeit*, das Zu-nahe-Treten im wörtlichen wie im übertragenen Sinne. Ein angemessener Abstand wird nicht gewahrt, eine Reserviertheit ignoriert oder Indiskretion zugemutet. Distanzlosigkeit bedeutet, mit einer anderen Person zu interagieren trotz deren expliziter oder indirekter Verweigerung. Es mangelt dann an Abwägung, ob und in welcher Weise überhaupt vom Gegenüber ein Kontakt erwünscht ist. Zudringlichkeit kann ein pathologisches Phänomen sein oder auf einen Charakter schließen lassen, der aus Unreife oder defekter Selbsteinschätzung zu besagter Form von Taktmangel neigt. Da ist die raumgreifende Präsenz, das Gesicht, das sich heranwagt, der strenge fremde Odem, die zu laute Stimme. Menschen haben ein unterschiedliches Empfinden von Distanz. Die Proxemik, das Verhalten im Raum, definiert die Balance von Abstand und Wohlbefinden. Unsere Intimdistanz endet be-

---

2 Sofsky (2007)

reits bei einem knappen halben Meter, ein Vordringen von Fremden oder Unerwünschten dort hinein gleicht einem invasiven Akt. Da ist die Frage etwa nach Verdienst, Beziehungsstatus oder Kinderlosigkeit, die jemand nicht beantworten will, weil der Absender nicht zum inneren Kreis der vertrauten Personen zählt. Gibt es nicht so etwas wie eine letzte Unnahbarkeit, der Respekt zu zollen wäre? Intimsphäre, das ist nicht nur die Körperlichkeit in Gestalt von Sexualität, Krankheit und Nacktheit, sondern das sind auch Selbstverhältnisse in Form von Sehnsüchten, Erinnerungen, Zielen, aber auch von Defiziten, Schwächen und Verletzungen. Da sind diese Ausgelassenen, ein Rudel junger und noch ungezeichneter Figuren, die den ergrauten Kellner, dessen Name ihnen unbekannt ist, bei jeder neuen Order munter duzen. Seine Sekunde der Scham bleibt von ihnen unbemerkt. Und auch, dass hier gerade eine Türe ins Schloss fällt.

Zeugt die Zudringlichkeit von defektem Raumgefühl, so lädiert die *voyeuristische Taktlosigkeit* nichts weniger als die Würde. Die Begaffer eines Unglücksortes, die Content-Kulis der Boulevardpresse, aber auch manch tapernde Touristen schleifen alle Grenzen der Scham. Mit der allzeit paraten *camera obscena* stellen sie Schicksal, Armut und Malheur bloß, wenn sie den Bettler hier oder die Betende dort als zum digitalen Abschuss freigegeben wähnen. Die Bilder des Voyeurs erzählen so gut wie nichts von den Objekten, dafür viel von Lust und Ekel des

Betrachters. »Wie der Körper, der man ist und den man hat, kann auch das in ihm ruhende Geheimnis verletzt werden.«[3] Was meint hier Geheimnis? Das, was sich dem schnellen Durchschauen und Konsumieren entzieht.

Einen hohen Maßstab für das Gelingen setzen die Aufnahmen des britischen Photokünstlers Nick Waplington. Sein Zyklus »Living Room« von 1991 macht das Intime öffentlich, ohne es zu verletzen. Zwei Familien aus Nottingham, bekannt oder sogar befreundet mit dem Photographen, werden über eine längere Zeit hinweg und stets am Samstag besucht und abgelichtet. So entsteht die Chronik des Alltagslebens einer Arbeiterfamilie, in satten Farben festgehalten. Ergriffen, aber auch unerwartet humorvoll hält Waplington Momente des Privaten fest. Was wir sehen: ein enges, kleines Jenseits des Luxus, keine Statussymbole, nirgends Spuren feineren Geschmacks, viel Unordnung hier am oberen Ende der Unterschicht. Samstags sind alle da. Es wimmelt von Menschen, die lachen, streiten, feiern oder schlicht die Zeit totschlagen. Die Älteste, ganz Backfisch, posiert auf dem Dach von Papas Alfasud, ein schmächtiger Junge qualmt neben den Altvorderen auf dem Sofa. Die Bilder fangen Umarmungen, Raufereien, Kuscheln, Zwiste und nicht selten Momente der Langeweile ein. Was wir auch noch sehen: All diese Personen fühlen sich offenbar

3 Dufourmantelle (2021), S. 57.

nicht vorgeführt oder posieren in Verrenkungen, nein, sie zeigen sich dem Auge und der Linse des Gastes unverstellt. Dessen Bilder, aufgenommen mit einem eigentlich für Panoramen gedachten Kameraformat, drücken beinahe Ehrerbietung aus.[4] Ihre visuelle Dynamik zeichnet in Bruchteilen von Sekunden die ureigene Lebendigkeit einer Durchschnittssippe auf. So entsteht ungleich mehr als nur Abbilder von Armut, nämlich ein taktvoll beobachtetes, Nähe und Distanz fein ausbalancierendes Schauspiel der Existenz.

Um einen Mangel an Noblesse wirklich dementieren zu können, bedarf es einer unscheinbaren, wiewohl ambitiösen Kunstfertigkeit: den anderen, ohne Unbehagen zu stiften, in den Blick nehmen können. Sie ist verwandt mit jener uralten, ehrenden Geste des Takts, einem verstorbenen Menschen die Augen zu schließen.

Schwenk in die Untiefen der Politik. Eine Ministerin tritt zurück. Sie – verantwortlich unter anderem für »Umwelt« – agierte schlecht, als die Flut über ihr Land kam. Eine Vorwarnung der Bevölkerung wäre wohl möglich gewesen, unterblieb jedoch. Dafür war die Amtsträgerin nach der Katastrophe um Schadensbegrenzung bemüht, allerdings primär in eigener Sache. Nur wenige Tage nach der Flutnacht mit über hundert Toten, einer Legion von Verletz-

4 Vgl. Berger (2020), S. 170 f.

ten und ihrer Habseligkeit Beraubten tritt die Vierfachmutter einen vierwöchigen Familienurlaub an. Die Pandemie, so wird sie sich später exkulpieren, sei »eine wahnsinnige Herausforderung« gewesen, man brauchte einfach eine Auszeit, auch weil der gesundheitlich angeschlagene Gatte »nicht mehr konnte«. Freilich steht die Frage im Raum, ob die Leidtragenden an den Ufern des Flusses nicht auch ob diverser Lockdowns urlaubsreif gewesen wären; bemerkenswert zudem das Familiäre als Begründung für Versagen im Amt und zugleich als Instrument, um sich mit selbigem zu verleimen. Folgerichtig wird die Ministerin ihren Rücktritt nicht etwa mit der mickrigen Präferenz des Privaten in Notzeiten der Res publica begründen, sondern mit dem »Druck«, den sie seither aus diversen Windrichtungen verspüre. Dass politisches Personal ein Momentum verpasst, sich Peinlichkeiten oder mehr erlaubt, den Hut nehmen muss – all das mag dem Souverän gewöhnlich, aber auch gewohnt erscheinen. Neu und auf eine beklemmende Art eindrucksvoll wirkt indes die Selbstbeschreibung im Ton der Befindlichkeit. Vorhang auf für die *psychologisierende Taktlosigkeit.*

Kommunikationswissenschaftler würden den Sprechakt der Politikerin vermutlich als authentisch, aber unangebracht bezeichnen. Es fehlt die Antenne, ob derlei Selbstoffenbarung einer Situation angemessen ist, die von verantwortlicher Seite vielmehr entschiedenes Handeln verlangt hätte.

Manchen mag auch die Frage auf der Zunge liegen, ob sich hier nicht exemplarisch ein Narzissmus bekundet, der sich jeder Einschränkung, geschweige denn Domestikation widersetzt. Wo kein Sinn mehr für Pflicht- und Anerkennungswerte, huldigt das Selbst nur noch seiner Erfahrung und Verwirklichung. War das nicht einmal, damals in vordigitalen Zeiten, der Code der Höflichkeit: bloß nicht zu jeder Zeit die eigene Position kundzutun? Doch spätestens mit dem Sich-Ausleben online scheint der Unterschied zwischen Heim und Öffentlichkeit erodiert.

Die psychologisierende Attitüde, nicht die akademisch fundierte Psychologie wohlgemerkt, verlinkt jedes Gespräch mit Verweisen auf das innere Erleben. Eine Therapiesitzung nachahmend, scheint dann Satz für Satz die Frage »Wie geht es dir gerade?« beantworten zu wollen – auch wenn sie weit und breit niemand stellen mag. Diese Amusikalität für Takt tritt auch bei jenen Zeitgenossen zutage, die von Ratschlägen nicht ablassen können. Ob ein Schicksalstreffer, eine Krisis oder nur ein Tief der Stimmungslage, es eilt immer irgendein Konsultant herbei, der das alles oder wenigstens Ähnliches auch schon erlebt habe und selbstredend die richtigen Schlüsse zu ziehen wusste. Jedem duftet, wie die Alten sagen, sein eigener Mist köstlich (*Stercus cuique suum bene olet*). Der Philosoph Jean-Luc Nancy notiert dazu treffend: »Nichts kennzeichnet eine Person von Geist besser als die

Tatsache, zu begreifen, dass eine Situation, mit der sie sich konfrontiert sieht – eine Konfrontation, eine Rivalität, eine Anziehung, eine Übereinstimmung –, von ihr weder eine Intervention noch eine Partizipation erwartet, sondern im Gegenteil von ihr verlangt, sich zurückzuziehen.«[5]

Oder wenigstens sich zurückzuhalten. Auf den empfindlichen Organismus des Miteinander wirkt die vorwitzige Impertinenz der vulgärpsychologischen Redensart wie ein Überfall. Der wohlfeile Rat, der billige Trost, beides mentale Selbstbräuner, einzig Eigennutz und Eitelkeit befriedigend. Diese Spielart der Taktlosigkeit beleidigt nicht bloß das perplexe Gegenüber, sie ignoriert den funkelnden Rest jenes Rätsels, das wir einander sind und bleiben. Oder sollte sich darin sogar ein Gran Verachtung bekunden?

Als Martin Heidegger 1936 für zwei Vorträge nach Rom reiste, kam es auch zu einem Wiedersehen mit einem Schüler der ersten Stunde. Ein Sonnentag, ein Ausflug nach Tusculum, zu Ciceros Refugium – die Heideggers, Ada und Karl Löwith. Vor die jüdischen Exilanten trat der Freiburger Professor, vermutlich ohne dabei den Hauch einer Peinlichkeit zu spüren, mit dem Hakenkreuz am Revers. Zwei Jahre zuvor schrieb er, durchaus intim im Ton, an die Pädagogin Elisabeth Blochmann, die Notlosigkeit jener Zeit sei eben gerade die größte Not. Die

5 Nancy (2022), S. 9.

Jüdin Blochmann indes war zu diesem Zeitpunkt bereits aus der »Notlosigkeit« nach England geflüchtet. Diese Szenen offenbaren eine *monomane Taktlosigkeit,* die weitgehend anästhesiert Fremdperspektiven ausblendet. Taktlos ist, wer seine Überlegenheit oder Selbstfixierung schonungslos ausspielt, wer, berauscht von seinen Maßstäben und Überzeugungen, andere überhört. Das mag, zum schwachen Trost des Gegenübers, weder aus Perfidie noch aus Bosheit geschehen, der »Seelentaube« (Plessner) präsentiert sich bloß als eine insulare Persönlichkeit.

Takt verweigert sich qua Definition der Regel. Er gründet in situativem Gespür und Geschick. Und um es nachsichtig zu sagen: Takt fühlt sich nicht in jedem Gemüt wie zu Hause. Da ist der Arzt, der eine folgenschwere Diagnose zu übermitteln hat. Wie könnte es einen einfachen Weg geben, von der Unheilbarkeit zu sprechen? Aber es lauern gröbste Fehler: auftrumpfendes Wissen, Kritik an der Lebensführung des Patienten, unterkühltes Informieren über das Bevorstehende.

Da sind aber auch Lehrer und Gelehrte, die als Wissensperformer auftrumpfen, ohne jede dialogische Potenz. Es ist wohl kein Zufall, dass der Begriff Takt eine besondere Rolle in der Pädagogik spielt. Wenn jene nicht zur Nemesis ihrer Schüler werden sollen, so müssen sie sich wohl einiges an Geduld und Milde auferlegen. Das wäre die sittliche Dimension von pädagogischem Takt: Erziehung ohne Kränkung, Demütigung oder Einschüchterung. Nur der Monomane erzeugt ein Gefühl der Unterlegenheit und Marginalität.

Takt verlangt nichts mehr als Selbstüberwindung im angebrachten Moment, um der Tücke der Tage zu trotzen. Diese Einsicht ist beileibe nicht neu. Zur Sprache kommt sie, in epischer Größe, am Anfang der abendländischen Literatur. Im 24. und letzten Gesang der »Ilias« erzählt Homer von einer denkwürdigen Zusammenkunft. Ihr voraus geht eine grausame Rachetat. Hektor, Sohn des Trojanerkönigs Priamos, tötet im Kampf den Griechen Patroklos, Achills liebsten Freund. Der verspricht in seinem Leid Vergeltung. Achill, als Prototyp der thymotisch gesteuerten Kampfmaschine verschrien, besiegt Hektor später im Duell, einen Speer durch dessen Hals bohrend. Dem Sterbenden schwört Achill noch, seinen Leichnam den Tieren als Fraß zu überlassen. Zuvor aber schleift er Hektors Leib allmorgendlich um das Grab des Gefährten. Diese Raserei dauert sogar die Götter. Apollon erhebt im Kreise der Unsterblichen Klage über Achill, »denn die stumme Erde misshandelt er mit seinem Zürnen«.[6]

Priamos unternimmt, von Hermes geleitet, den gefährlichen Gang ins Lager der Hellenen, um mit

6 Ilias XXIV, S. 54 (in Schadewaldts Übersetzung).

Gaben den toten Sohn auszulösen. Der greise König und verwaiste Vater, ihm gegenüber der immer noch Patroklos beweinende Krieger. Beide erleben den jeweils anderen als von Trauer gezeichnet. Achill lässt ein Mahl bereiten, Hektors Leichnam wird übergeben. Und mit dieser menschlichen Geste nicht genug. Dem völlig entkräfteten Trojanerkönig wird mitten im Feindesfort ein prächtiges Lager bereitet, zudem eine Pause im Kampf versprochen:

»›Willst du wirklich, dass ich die Bestattung dem göttlichen Hektor vollende,
Würdest du, wenn du es so machtest, Achilleus, mir Erfreuliches erweisen.
Du weißt ja, wie wir eingeschlossen sind in der Stadt, und weit her ist das Holz
Zu holen aus dem Gebirge, und sehr in Furcht sind die Troer.
Neun Tage möchten wir ihm in den Hallen die Totenklage halten
Und ihn am zehnten bestatten, und das Volk soll das Totenmahl nehmen;
Am elften aber würden wir den Grabhügel über ihm errichten.
Doch am zwölften kämpfen wir wieder, wenn es denn sein muss!‹
Da sagte wieder zu ihm der fußstarke göttliche Achilleus:
›Sein soll dir auch dieses, Greis Priamos! wie du es forderst.

Aufhalten will ich den Kampf so lange Zeit, wie du es verlangt hast.‹

So sprach er und fasste die Hand des Alten am Handgelenk,

Die rechte, dass er sich nicht irgend fürchte im Mute.«[7]

Auch wenn die olympischen Götter, allen voran Zeus selbst, diese Begegnung insinuierten, um einem gefallenen Heroen und Liebling die letzte Ehrung zu zollen, ereignet sich gleichwohl etwas Unerwartetes und nicht minder Unwahrscheinliches. Ein Innehalten. Eine Ahnung. Zwei Existenzen erkennen sich im Bewusstsein des gemeinsamen Ausgesetztseins. Die geheimen Wirkmächte der Welt lassen Wille und Vorstellung als Windhauch erscheinen. In den beiden Gestalten dort im Zelt reift etwas zur Unbegreiflichkeit. Selbst der vermeintliche Sieger in seinem Feldherrnornat – ein Geschlagener. Dass sich auch unter Todfeinden ein Moment der Nähe ergeben kann, diese Einsicht bezeugt die Seelenkundenkompetenz eines Homer. Hier denkt das Epos die Tragödie voraus. Und gibt ein Zeichen, was mit uns gemeint sein könnte.

Wenn denn etwas mit uns gemeint ist.

---

7 Ilias XXIV, S. 660 ff.

Schleichweg nach Urbino

Tarnt sich im Takt das Unsagbare? Gerinnt zur Geste, was der Aussage widerstrebt? Friedrich Nietzsche schreibt anno 1881 in der »Morgenröte«:

»Verstellung als Pflicht. – Am meisten ist die Güte durch die lange Verstellung, welche Güte zu scheinen suchte, entwickelt worden: überall, wo große Macht bestand, wurde die Notwendigkeit gerade dieser Art von Verstellung eingesehen, – sie flößt Sicherheit und Vertrauen ein und verhundertfacht die wirkliche Summe der physischen Macht. Die Lüge ist, wenn nicht die Mutter, so doch die Amme der Güte. Die Ehrlichkeit ist ebenfalls am meisten durch die Anforderung eines Anscheins der Ehrlichkeit und Biederkeit großgezogen worden: in den erblichen Aristokratien. Aus der dauernden Übung einer Verstellung entsteht zuletzt Natur: die Verstellung hebt sich am Ende selber auf, und Organe und Instinkte sind die kaum erwarteten Früchte im Garten der Heuchelei.«[1]

Das Zitat erinnert noch einmal an die Konstellation der höfischen Gesellschaft, eben jene »erblichen Aristokratien«, die so etwas wie Menschen mit einer zweiten Natur hervorbrachten. Dass die Güte eine Amme habe, diese Metapher erhellt die

---

1 Nietzsche (2013), S. 191.

Ontogenese einer Haltung. Aber lautet ihr Name wirklich Lüge? Bei dem Wort glaubt man die Dielen des deutschen Pfarrhauses, dem der metaphysische Artist Nietzsche ja bekanntlich entstammte, noch knarzen zu hören. Warum nicht statt dessen »Fiktion«, »Spiel« oder »schöner Schein«? Warum wittert man gerade in Teutonenkreisen schnell Verstellung, Unaufrichtigkeit und Opportunismus, sobald Anmut und Gefälligkeit ins Spiel kommen?

Die Idee des »Cortegiano« – ohne Einschränkung auf ihre männlichen Vertreter, ohne den schranzenhaften Beigeschmack des »Höflings« und ohne den öligen des »Kavaliers« gedacht – besteht darin, Eleganz als stolzen Habitus zu begreifen. Sie erschöpft sich eben nicht in der Außenansicht, der Hülle einer Person, sondern durchströmt auch deren Inneres. Anders gesagt: In dieser Idee bekundet sich ein Bekenntnis zur Diskretion. Sie für antiquiert zu erklären, könnte kurzsichtig sein.

Vielleicht ist es eben kein Wert an sich, die Dinge stets beim Namen zu nennen, sondern eine Unsitte, ein Mangel an Form und feiner Gesinnung. Mehr noch: Der Verzicht auf Distanz und Zurückhaltung könnte einer narzisstischen Befriedigung dienen. Wer sich auf diskreten Charme versteht und darin seine Form gefunden hat, hält Distanz zu sich selbst und legt eine gewisse Verhaltenheit an den Tag. Und dies gilt nicht nur im Umgang einzelner Personen miteinander. Jede Kultur, die sich dieses Namens rühmen will, bedarf bestimmter Förmlichkeiten. Niemals ist sie auf Authentizität, heute kultisch gepriesen, gebaut.

Die zweite Einsicht von Castiglione und Accetto, aus dem Zwischenraum der Zeilen gelesen, lautet: Höflichkeit ist Design, Takt ist Kunst. Beide sind dem Schönen verpflichtet. Über die Wahrheit könnte nur ein absolutes Wesen befinden. Ihre Skepsis gegenüber Dogmen war damals gefährlich und könnte es jederzeit wieder werden. Politischer Radikalismus, metaphysische Letztbegründungen, aber auch esoterische Glückstechniken geben den freien Geist im Handstreich auf. Eine etablierte Ästhetik der Distanz böte nicht nur Schutz vor identitärer Raserei, sie zollte auch der Eventualität Tribut, dass der andere kein Vollidiot sein könnte.

Besagte Verhaltenslehrer der frühen Neuzeit waren keine Bauchredner der Harmonie. Verklärung und Kitsch in Anbetracht der menschlichen Spezies blieben ihnen fremd. Ihr Augenmerk galt vielmehr der Möglichkeit von Würde. Zu diesem Zweck bedürfe es einer Formgebung, die das innere Raubtier so zu kaschieren versteht, dass es sich möglicherweise sogar zähmen lässt. Daher stilistisch dieser Hang zur Paraphrase, dem Wiederholen mit anderen Worten, denn Eleganz wie Respekt sind eine Sache der Übung. Das könnte eine Anregung für die Heutigen enthalten: die Selbstvereidigung auf den Vorsatz, mehr Grazie zu wagen.

Literatur

Accetto, Torquato (1995): »Von der ehrenwerten Verhehlung«. Aus dem Italienischen von Marianne Schneider. Berlin.

Assmann, Aleida (2002): »Höflichkeit zwischen Geselligkeit und Gesellschaft«. In: »Höflichkeit. Aktualität und Genese von Umgangsformen«. Herausgegeben von Brigitte Felderer und Thomas Macho. München. S. 194–204.

Benjamin, Walter (1980): »Denkbilder«. In: »Gesammelte Schriften IV/1«. Herausgegeben von Tillman Rexroth. S. 305–438. Frankfurt am Main.

Berger, John (2020): »Der Augenblick der Fotografie. Essays«. Aus dem Englischen von Hans Jürgen Balmes u. a. Herausgegeben und mit einer Einleitung von Geoff Dyer. Frankfurt am Main.

Bloch, Ernst (2018): »Geist der Utopie«. Erste Fassung. Berlin.

Breithaupt, Fritz (2017): »Die dunklen Seiten der Empathie«. Berlin.

Buruma, Ian (2023): »Doing the Work. Die protestantische Ethik und der Geist der Wokeness«. In: »Lettre International«, Heft 142. S. 18–21.

Busch, Kathrin (2023): »Ohnmächtig-werden: Ästhetiken der schwachen Existenz«. In: »Texte zur Kunst«. Heft 130. S. 32–45

Butler, Judith (2006): »Haß spricht. Zur Politik

des Performativen«. Aus dem Englischen von Kathrina Menke und Markus Krist. 7. Auflage. Frankfurt am Main.

Castiglione, Baldesar (1986): »Das Buch vom Hofmann«. Übersetzt und erläutert von Fritz Baumgart. Mit einem Nachwort von Roger Willemsen. München.

Cioran, Emil M. (2018): »Über das reaktionäre Denken. Zwei Essays«. Aus dem Französischen von François Bondy. Berlin.

Derrida, Jacques (2018): »Von der Gastfreundschaft«. Mit einer »Einladung« von Anne Dufourmantelle. Aus dem Französischen von Markus Sedlaczek. 5. Auflage. Wien.

Dufourmantelle, Anne (2020): »Macht der Sanftheit«. Aus dem Französischen von Rike Felka. Berlin.

Dufourmantelle, Anne (2021): »Verteidigung des Geheimnisses«. Aus dem Französischen von Luzia Gast. Zürich.

Elias, Norbert (1983): »Die höfische Gesellschaft. Untersuchungen zur Soziologie des Königtums und der höfischen Aristokratie«. Frankfurt am Main.

Fidancheva, Iva (2013): »Die verletzende Macht der Höflichkeit«. Paderborn/München/Wien/Zürich.

Genazino, Wilhelm (2014): »Idyllen in der Halbnatur«. München.

Gödde, Günter/Zirfas, Jörg (2012): »Die Kreativität des Takts. Einblicke in eine informelle Ordnungsform«. In: Gödde/Zirfas (Hg.). »Takt und Taktlosigkeit. Über Ordnungen und Unordnungen in Kunst, Kultur und Therapie«. S. 9–32. Bielefeld.

Gracián, Baltasar (1985): »Hand-Orakel und Kunst der Weltklugheit«. Deutsch von Arthur Schopenhauer. Herausgegeben von Arthur Hübscher. München.

Homer (2023): »Ilias«. Neue Übertragung von Wolfgang Schadewaldt. 21. Auflage. Berlin.

Hume, David (2003): »Eine Untersuchung über die Prinzipien der Moral«. Übersetzt und herausgegeben von Manfred Kühn. Hamburg.

Jhering, Rudolf von (1923): »Der Zweck im Recht«. Zweiter Band. Leipzig.

Jullien, François (2014): »Der Weg zum Anderen. Alterität im Zeitalter der Globalisierung«. Aus dem Französischen von Christian Leitner. Wien.

Jullien, François (2018): »Es gibt keine kulturelle Identität. Wir verteidigen die Ressourcen einer Kultur«. Aus dem Französischen von Erwin Landrichter. 3. Auflage. Berlin.

Knef, Hildegard (1972): »Ich brauch' Tapetenwechsel. Texte«. Wien/München/Zürich.

Knef, Hildegard (1975): »Das Urteil oder Der Gegenmensch«. Wien/München/Zürich.

La Rochefoucauld (2022): »Maximen und Reflexionen«. Übertragung und Nachwort von Konrad Nußbächer. Ditzingen.

Lilla, Mark (2016): »The Shipwrecked Mind. On Polititical Reaction«. New York.
Löwith, Karl (2007): »Mein Leben in Deutschland vor und nach 1933. Ein Bericht«. Mit einer Vorbemerkung von Reinhart Koselleck und einer Nachbemerkung von Ada Löwith. Neu herausgegeben von Frank-Rutger Hausmann. Stuttgart/Weimar.
Malaisé, Franziska von (2012): »Behave! Stilsicher in sozialen Netzwerken«. München.
Muth, Jakob (1962): »Pädagogischer Takt«. Heidelberg.
Nancy, Jean-Luc (2022): »Des Atems beraubt«. In: »Lettre International«, Heft 139. S. 6–9.
Nietzsche, Friedrich (2013): »Morgenröthe«. Mit einem Nachwort von Claus-Artur Scheier. Hamburg.
Pessoa, Fernando (2003): »Das Buch der Unruhe des Hilfsbuchhalters Bernardo Soares«. Herausgegeben von Richard Zenith. Aus dem Portugiesischen übersetzt und revidiert von Inés Koebel. Zürich.
Petersen, Jens (2023): »Studien zur juristischen Ideengeschichte«. Potsdam.
Plessner, Helmuth (2019): »Grenzen der Gemeinschaft. Eine Kritik des sozialen Radikalismus«. Mit einem Nachwort von Joachim Fischer. 8. Auflage. Frankfurt am Main.
Poschardt, Ulf (2007): »Stil ist die letzte Rebellion«. In: »Merkur«, Heft 700. S. 850–859.

Proust, Marcel (1989): »Auf der Suche nach der verlorenen Zeit«. Deutsch von Eva Rechel-Mertens. Frankfurt am Main. 3. Auflage.

Rakusa, Ilma (2021): »Gedankenspiele über die Eleganz«. Graz.

Rogge, Petra (2021): »Der aufeinander einspielende Takt. Hüter leiblicher Würde«. Darmstadt.

Roth, Philip (2004): »Der Ghost Writer«. Deutsch von Werner Peterich. Reinbek.

Scherer, Martin (2021): »Hingabe. Versuch über die Verschwendung«. Springe.

Schopenhauer, Arthur (2006): »Parerga und Paralipomena I«. In: »Werke in fünf Bänden«. Band 4. Herausgegeben von Ludger Lütkehaus. Frankfurt am Main.

Schröder, Christian (2004): »Mir sollen sämtliche Wunder begegnen – Hildegard Knef«. Berlin.

Scruton, Roger (2012): »Schönheit. Eine Ästhetik«. Aus dem Englischen von Reinhard Kreissl. München.

Seel, Martin (2014): »111 Tugenden, 111 Laster. Eine philosophische Revue«. Frankfurt am Main.

Senkbeil, Thomas (2020): »Die Fragilität des Takts. Eine Rekonstruktion eines flüchtigen Moments«. In: »Vierteljahresschrift für wissenschaftliche Pädagogik«. Heft 96. S. 120–137.

Simmel, Georg (2020): »Essays zur Kulturphilosophie«. Mit einer Einleitung und herausgegeben von Gerald Hartung. Hamburg.

Sofsky, Wolfgang (2007): »Unanständig, unhöflich, taktlos«. In: »Neue Zürcher Zeitung«. 28./29. April.

Sommer, Volker (1994): »Lob der Lüge. Täuschung und Selbstbetrug bei Tier und Mensch«. München.

Starobinski, Jean (1992): »Das Rettende in der Gefahr. Kunstgriffe der Aufklärung«. Frankfurt am Main.

Stegemann, Bernd (2023): »Identitätspolitik«. Berlin.

Theophrast (2022): »Charaktere«. Griechisch/Deutsch. Herausgegeben und übersetzt von Karsten Wilkens. Ditzingen.

Vaihinger, Hans (1923): »Die Philosophie des Als Ob. System der theoretischen, praktischen und religiösen Fiktionen der Menschheit auf Grund eines idealistischen Positivismus«. Leipzig.

Vergil (2008): »Aeneis«. Übersetzt und herausgegeben von Edith und Gerhard Binder. Stuttgart.

Vinken, Barbara (2023): »Eleganz. Über eine Haltung, die unser Miteinander bereichert«. Wien.

Volmer, Jan (2019): »Taktvolle Nähe. Vom Finden des angemessenen Abstands in pädagogischen Beziehungen«. Gießen.

Žižek, Slavoj (2011): »Good Manners in the Age of WikiLeaks«. In: »London Review of Books«. Vol. 33. No. 2 (https://www.lrb.co.uk/the-paper/v33/n02/slavoj-zizek/good-manners-in-the-age-of-wikileaks)

zu Klampen Essay – lieferbare Bände

Bernd Ahrbeck
Jahrmarkt der Befindlichkeiten.
Von der Zivilgesellschaft zur Opfergemeinschaft

Basteln am Ich.
Zu Risiken und Nebenwirkungen
grenzenloser Selbstbestimmung

❧

Rudolf Burger
Das Elend des Kulturalismus.
Antihumanistische Interventionen

❧

Egon Flaig
Gegen den Strom.
Für eine säkulare Republik Europa

❧

Alexander Grau
Kulturpessimismus.
Ein Plädoyer

Entfremdet.
Zwischen Realitätsverlust
und Identitätsfalle

Ulrich Greiner
Dienstboten.
Von den Butlern bis zu den Engeln

Hans Ulrich Gumbrecht
Provinz.
Von Orten des Denkens
und der Leidenschaft

Ralf Hanselle
Homo digitalis.
Obdachlos im Cyberspace

Heide Helwig
Unsere Wünsche.
Gift und Zauber

Jens Jessen
Was vom Adel blieb.
Eine bürgerliche Betrachtung

Der Deutsche.
Fortpflanzung, Herdenleben,
Revierverhalten

Jürgen Kaube
Im Reformhaus.
Zur Krise des Bildungssystems

Wolfgang Kemp
Der Oligarch

Der Scheich

Kersten Knipp
Im Gespräch.
Wie wir einander begegnen

Manfred Koch
Faulheit.
Eine schwierige Disziplin

Andrea Köhler
Scham.
Vom Paradies zum Dschungelcamp

Siegfried Kohlhammer
Islam und Toleranz.
Von angenehmen Märchen und unangenehmen Tatsachen

Hans Kollhoff
Architektur.
Schein und Wirklichkeit

Stephan Krass
Radiozeiten.
Vom Ätherspuk zum Podcast

Ulrich Meyer-Doerpinghaus
Am Zauberfluss.
Szenen aus der rheinischen Romantik

Johann Michael Möller
Der Osten.
Eine politische Himmelsrichtung

Burkhard Müller
Fälschungen, Verwandlungen.
Vom schönen Schein der Bilder,
Häuser und Menschen

Apoll und Daphne.
Geschichte einer Verwandlung

Henning Ritter
Verehrte Denker.
Porträts nach Begegnungen

Johannes Saltzwedel
Finderglück.
Mäßig unzeitgemäße Betrachtungen

Hartmut Scheible
Sinnliche Vernunft.
Giacomo Casanova in seiner Zeit

Martin Scherer
Hingabe.
Versuch über die Verschwendung

Hannelore Schlaffer
Die City.
Straßenleben in der geplanten Stadt

Alle meine Kleider.
Arbeit am Auftritt

Rüpel und Rebell.
Die Erfolgsgeschichte des Intellektuellen

Zeit meines Lebens.
Was war und noch ist

Gustav Seibt
Goethes Autorität.
Aufsätze und Reden

Stefan aus dem Siepen
Wie man schlecht schreibt.
Die Kunst des stilistischen Missgriffs

Gerhard Stadelmaier
Regisseurstheater.
Auf den Bühnen des Zeitgeists

Deutschlandglotzen.
Ganze Tage vor dem Fernseher

2024
zu Klampen Verlag
Röse 21 · D-31832 Springe
info@zuklampen.de · www.zuklampen.de

Reihenentwurf: Martin Z. Schröder, Berlin
Satz: textformart, Göttingen
Gesetzt aus Baskerville Ten
Druck: CPI – Clausen & Bosse, Leck

ISBN 978-3-98737-026-7

Bibliographische Information der
Deutschen Nationalbibliothek:
Die Deutsche Nationalbibliothek
verzeichnet diese Publikation in der
Deutschen Nationalbibliographie;
detaillierte bibliographische Daten
sind im Internet abrufbar:
http://dnb.d-nb.de